JN032627

はじめに

　古くから瀬戸内有数の港町であった下津井は、藩政（江戸）時代から四国への航路への本州側の拠点として栄えた。しかし1910（明治43）年に鉄道省宇野線と宇高航路が開設されると急速に衰退し、危機感を抱いた地元の有力者たちは宇野線茶屋町に至る軽便鉄道を計画した。四国側の支援もあって全通したが、鉄道省の路線に軽便鉄道がかなうはずがなく、四国連絡ルートとしては一部の需要しか取り込めなかった。しばらくは苦しい経営が続いたが、味野周辺で繊維産業が発達するとその製品輸送で賑わうようになり、昭和初期に

はガソリンカーを導入して旅客列車のフリークエンシーを高めた。戦時中・戦後に燃料事情が悪化すると、鉄道廃止が議論された時期もあったが、電化を成し遂げて、生き返る。ガソリンカー改造の電車や、新造電車も加わり、昭和30年代に黄金の時代を迎える。昭和40年代に入ると、県都岡山に向かうには茶屋町での乗り換えを伴う電車は、直通する自社のバスに旅客を奪われるようになり、高度成長期を経て自家用車が家庭に行き渡るようになると、電車の利用客は加速度的に減少した。

　1972（昭和47）年3月末限りで全線の約2/3

下津井電鉄では電化時にガソリンカーを電車化改造した車両が主力だった時代があった。それら2両と元栗原電鉄のサハを加えた3両編成の電車が大畠の漁町を左手に見て走る。
1961.2.1　琴海―鷲羽山　P：高橋　弘

にあたる児島〜茶屋町間が廃止され、他の鉄軌道と接続を持たない線形で、下津井〜児島間6.5kmのみ営業を継続した。この区間もそう遠くない将来に廃止されることが予想されたが、どっこいミニ軽便鉄道は走り続けた。全線一閉塞でワンマン運転、従業員を10名程度に絞ると、収支は均衡するようになり、営業黒字となる年度も現れた。瀬戸大橋開通を観光鉄道化へのチャンスととらえ、新車のメリーベル号を導入し、交換設備を復活させるなど、積極投資を行った。瀬戸大橋が開通すると観光客は瀬戸大橋、四国へ直行し、鷲羽

山・下津井には立ち寄らなくなった。そして何よりも誤算であったのが、JR本四備讃線の開業で児島と岡山が快速列車にて20分程度で結ばれるようになると、自社のバスが大打撃を受けた。

瀬戸大橋線開業から約1年10ヶ月後、児島〜茶屋町間廃止から約18年後の1990（平成2）年12月31日限りで、下津井電鉄線は廃止に至った。

開業前から廃線、そして廃線後の今日までの約110年の歩みをお伝えしたい。蒸気→内燃併用→電気と動力が変遷し、かなりの数の車両が在籍したこともあって、上下2分冊とさせていただく。

1. 私が出会う前の下電

(1) 軌間 762mm の蒸気鉄道で開業

　下津井は近世における瀬戸内航路の最も重要な港の一つであった。江戸時代の中期には大坂と蝦夷地を結ぶ北前船が登場し、当時の船は帆に追い風を受けて航行する構造で、天候によって風待ちや潮待ちを行う港として、あるいは中継貿易港として下津井は栄えた。加えて、四国への連絡港としても、対岸丸亀とともに金毘羅参りの善男善女で賑わっていた。下津井は天然の良港ではあったが、後背が山地で、陸路は難路であった。岡山からの四国連絡経路としては、高松の対岸で、比較的勾配が少なく海辺に到達できる宇野が選ば

れ、1910(明治43)年6月12日に鉄道院宇野線が全通し、宇高連絡航路が開設された。ちなみに当時の宇野はまったくの寒村であったが、鉄道と鉄道連絡船の力は偉大で、下津井は本州～四国連絡の主役の座を奪われ、急速に寂れ始めた。これに対抗して、下津井町会議員の全員が委員となって1910(明治43)年9月28日に下津井軽便鉄道期成同盟会を結成、児島郡最大の都邑であった味野や四国の丸亀をも巻き込んで軽便鉄道敷設の機運を高めていった。下津井～茶屋町間免許申請は1910年10月7日であった。この時期は、1910年4月21日に軽便鉄道法が公布されて、幹線鉄道の建設を念頭に置いていた私設鉄道法から規制が大幅に緩和されたこともあって、全国各地で小規模私鉄建設の波が起こっていた。

下津井軽便鐵道敷設免許申請書

今般拙者等岡山縣児島郡下津井町ヨリ同縣都窪郡茶屋町ニ至ル拾弐哩六拾六鎖ノ軽便鐵道ヲ敷設致度候間御免許被成下度仍テ別紙必要書類相添ヘ發起者一同ニ代リ此段申請候也

　　　　　　　　　明治四拾参年拾月七日
　　　　　　　　下津井軽便鐵道創立發起人総代
申請人
　　岡山縣児島郡下津井町大字下津井参百四拾壱番地
　　　　　　　　　　　　中西　七太郎
　　同縣同郡同町大字吹上六珀五拾九番地
　　　　　　　　　　　　荻野　東一郎
　　同縣同郡赤崎村大字赤崎弐千四拾八番地
　　　　　　　　　　　　山本　五三郎
内閣総理大臣　桂　太郎　殿

起業目論見書

目的
本會社ハ軽便鐵道ヲ敷設シ旅客貨物運輸ノ業ヲ営ムモノトス
ニ、鐵道ノ名称主タル事務所設置地
下津井軽便鐵道株式會社ト稱シ其事務所ヲ岡山縣児島郡下津井町ニ設置ス
事業資金ノ総額及其出資ノ方法
本鐵道ノ資金ハ株式組織トシ其総額参拾萬圓ニシテ之ヲ六千株ニ分チ壱株ノ金額ヲ五拾圓トス
線路ノ起点終点及其経過スベキ地名
起点　岡山縣児島郡下津井町大字下津井字西ノ脇
終点　岡山縣都窪郡茶屋町大字帯江新田字蟹下河内
経過スベキ地名　同縣児島郡赤崎村、味野町、小田村、郷内村、藤戸村、興除村
鐵道ノ種類及軌間
種類 単線蒸汽鉄道　軌間 弐呎六吋
営業期間
特許ノ日ヨリ向五十年間トス

下津井軽便鐵道工事設計概定書

一、線路　　　単線
一、軌間　　　弐呎六吋
一、動力　　　蒸汽
一、線路延長　拾弐哩六拾六鎖
一、曲線ノ最小半径　五鎖(停車場ヲ除ク)
一、線路最急勾配　四拾分ノ壱
一、橋梁　　　径間拾弐呎未満ハ木桁　拾弐呎以上ハ点輾壓工字桁ヲ使用シ橋臺橋脚ハ木造若クハ石及煉瓦混造トス
一、鐵條及附属品　一碼ニ付弐拾五封土ヲ使用シフヅクハ之ニ準シ輾又ハ参番半乃至六番トス
一、停車場有効最短距離　約弐鎖半以上
一、機関車　　約七噸
一、客車貨車　機関車ニ準ス
一、停車場　　信号装置ハ場内信号機ヲ建設シ基本線ニ勾配ヲ有スル箇所ハ車輌ノ逸走ヲ防クニ適スル相當設備ヲ施ス

　これに対し、1910(明治43)年11月9日に表1の通りに免許となった。

クラウス製の蒸気機関車12号機は1913(大正2)年11月の開業時から使用された。ホカフ＋ホハ×4両を連結し、下津井駅で発車を待つ。
　　　　　1940.2.7　下津井　P：牧野俊介(所蔵：福田静二)

表1

鐵道種別	軌間	起終点	延長哩程	建設費	起業者
蒸気鐵道	二呎六吋	下津井 茶屋町	十二哩六十六鎖	五十万円	中西七太郎 外165名

　ここで注目に値するのが発起人の数で、166名と実に多い（表2参照）。その内訳は児島郡が94人、宇野線接続地となる茶屋町のある都窪郡が24人、そして対岸・四国の丸亀市が48人で、実に3割近くの人が四国側であった。また発起人筆頭の中西七太郎は下津井町長であった。

表2
■発起人居住地

郡	町村	大字・字	人
児島郡	下津井町	下津井	16
		吹上	15
		大畠	8
		田之浦	4
	赤崎村	赤崎	6
		菰池	3
	味野町		12
	小田村	稗田	6
		小川	9
		柳田	4
		林	3
	藤戸村	天城	7
	郷内村	木見	1
	小計		94
都窪郡	茶屋町	帯江新田	15
		早島新田	9
	小計		24
丸亀市			48
計			166

　下津井軽便鉄道株式会社の設立は1911（明治44）年8月2日で、初代社長は丸亀の白川友一（1873～1940）氏であった。工事施工申請は同年10月25日、1912年2月9日認可、工事着手届は大正に元号が変わった直後の同年8月6日であった。この時点での停車場は、下津井、吹上、大畠、赤崎、本味野、小田、琴浦、福田、林、天城、茶屋町で、1913（大正2）年7月14日の停車場名称変更届で本味野を味野町に、同8月8日停車場名称変更届で大畠を久須美に、同11月4日の停車場名称変更届で吹上を扇谷に、久須美を石ノ塔に、赤崎を塩田に改称した。

　車両に関しては1913年10月8日に工事方法一部変更願で、当初計画から表3のように改められた。

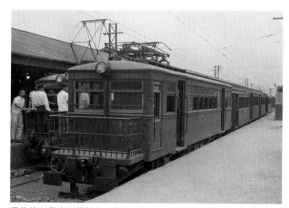

電化後も電車が附随車の代わりに木造客車を牽引する姿が見られた。先頭はガソリンカー改造車モハ55。
1951.8.2　茶屋町　P：和久田康雄

茶屋町で待機するガソリンカー改造車のクハ6＋モハ52。
1951.8.2　茶屋町　P：和久田康雄

表3

■蒸気機関車

第1号	四輪連結炭水機関車	10t	1
第11号・12号	六輪連結炭水機関車	13t	2

■客車

番号	種別	定員	自重	両数	備考
ホロハ1・2	2等・3等合造客車	2等8人・3等22人	3.5t	2	
ホハ1〜4	3等客車	40人	3.5t	4	
ホハブ1・2	3等緩急合造車	36人	3.5t	2	手働制動機付

ホハブは自働制動機付

■貨車

番号	種別	積載重量	積載容積	自重	両数	備考
ホユブ1・2	郵便小荷物緩急車	5t	4t	2.75t	2	手働制動機付
ホカブ1・2	緩急貨車	5t	4t	2.75t	2	手働制動機付
ホワ1〜3	有蓋貨車	5t	4t	2.50t	3	
ワ1・2	有蓋貨車	2t	2t	1.80t	2	
ホトブ1・2	無蓋貨車	5t	4t	2.25t	2	手働制動機付
ホト1〜6	無蓋貨車	5t	4t	2.25t	6	

ホユブ・ホカブ・ホトブは自働制動機付

　下津井〜味野町（後の児島）間は盤開削工事が含まれていてその完成に時間を要することから、1913（大正2）年11月11日に茶屋町〜味野町間14.5kmが開業した。クラウス製Bタンク機1両・Cタンク機2両、ボギー客車8両、貨車17両でのスタートであった。仮機関区は福田に設けられ、福田で閉塞を取り扱う運転であった。下津井軽便鉄道二代目社長で実質創業時からの責任者であった永山久吉（1881〜1959）氏の回顧録『下電と私』（1959年下津井電鉄発行）に次の記述がある。

——レールや汽関車は素人ながらにも、つまり、こちらの手でやった訳です。可笑しな処で買ってはいけない、騙されないような処で買わなければいけないということで慎重に取引し、三井物産大阪支店で買い入れました。——

　また、同書には初代社長であった白川友一氏の十三回忌（1953年3月）での挨拶に絡めた記述がある。

——当社の創始者白川友一氏は、創立以来退職されるまでの二十余年間、無報酬、無賞与、無旅費、然も、建設当時多大の犠牲を払って、会社の創設に力を致されました。（略）旧幕時代より、中国、四国の連絡は五挺立て押し切り渡航船によって、丸亀、下津井間の連絡が唯一のものでありました。交通機関の進捗に伴い、宇野線建設、宇野、高松間を鉄道省によって連絡ができることになったので、丸亀、下津井の有志に衝撃を与え、両地の有志は互に手を握って、下津井、茶屋町間の軽便鉄道建設を思い立ったのであります。私があなたに初めてお目にかかったのは明治四十四年四月中旬でした。（略）明治四十四年八月二日創立総会を開き、その席上、あなたの挨拶の言葉に、とても

三十万円では出来ない、先ず五、六十万円はかかるでしょうとのお話でありました。はたせるかな工事半ばにして資金に行き詰まり、下津井の一部株主と沿線株主とが組んで感情のもつれから、建設反対（筆者注：下津井〜味野町間）の議（筆者注：味野町〜茶屋町間のみ営業）が起こり、あなたも気を腐らして、社長を辞任せられたのであります。この間、私と中山中君が下津井、丸亀を往復して、話は丸めたものの、反対派の株数が多いため、事毎に双方の意見が対立してうまく行かなかったものです。ここにおいてあなたは反対派の株を買収する御決心をつけられた、その交渉を私に委託せられたのであります。（略）当時、あなたは丸亀市より代議士に当選せられておられたため、軽便鉄道補助法を関係同業者の代議士と計られ、議会に提出して、これを通過せられ、下津井鉄道もその恩恵に浴して、七、八年間に膨大な補助金を得て、大正九年上期、即ち第十七期に至って、大正八年第十五期までの優先株のみの内払配当が始めて出来たのであります。——

　国立公文書館に工事竣功監査復命書が残るが、その日付は大正2年11月8日、開業の3日前であった。

下津井軽便鐵道
茶屋町味野町間敷設工事竣功監査復命書
下津井軽便鐵道株式会社茶屋町味野町間線路敷設工事竣功ニ付実施監査ニ遂ケタル状況左記ノ通リ（略）
大正二年十一月八日

鐵道院技手　遠藤　拾三
同　　　　　池上　重吉
鐵道院技師　高井寿二郎

竣功区間ハ敷設免許区間茶屋町下津井間ノ一部ニシテ国

有鐵道宇野線茶屋町駅ヨリ起リ味野町駅ニ至ル延長八哩
七十八鎖ノ蒸汽鐵道線路ナリ軌間二呎六吋ニシテ最急勾配
ハ四十分ノ一　曲線の最小半径ハ五鎖ナリ

土木

土木ハ本線築堤一万七千余坪、停車場地築其他ヲ合セテ
二万一千余坪、切取本線九千余坪、溝付替其他ヲ合セテ
一万二百坪余ナリ　施工基面幅十呎ニシテ築堤最高箇所
三十六呎　切取最深箇所亦同シトス　全区間ヲ通シ側斜側
溝踏切道等完成セリ

橋梁及溝橋

橋台橋脚共石造及木造ノ二種ニシテ基礎ハ杭折各混凝土ヲ
施シ総数十四ヶ所　径間合計七百六十二呎七吋ナリ　就中
最大ナルモノハ倉敷川橋梁ニシテ二十二呎鋼工字桁三連
十五呎松桁七連ヲ架設シ全長百八十九呎トス橋桁ハ径間
二十二呎及二十七呎ノ二種ニ鋼工字桁ニシテ他ハ松桁ニシ
テ径間十五呎以下ナリ　溝橋ハ開梁三十三ヶ所　暗梁七ヶ
所ニシテ　開梁ハ松桁ヲ架シ　暗梁ノ花崗岩ノ蓋ヲ架セリ
橋台構造ハ石造及木造ノ二種ニシテ其ノ構造橋梁ニ準ス
他桁間二呎以下ノ開梁二十六ヶ所アリ　一呎六吋以上ノモ
ノニハ縦枕木ヲ架セリ

軌道

軌道ハ一碼三十封度ノ軌条ニ長三十呎毎ニ十六挺ノ枕木ヲ
配置シ道床ノ砕石ヲ用ヒ（略）

停車場

停車場ハ茶屋町外六駅トス　林及小田ハ停留場ニシテ乗降
場ヲ有スルノミナリ　天城、琴浦二駅ニハ退避側線及上下
乗降場アリ　茶屋町、福田、味野町三駅ニハ貨物側線及積
卸場ヲ設置シ福田駅ニハ給水給炭ノ設備ヲ有シ常置信号機
ハ福田及味野駅ノ二駅ニシテ轉轍器ハ総テ六番鐵鎖ヲ布設
シ對向轉轍器ニハ轉轍標識ノ設置セリ　停車場中心哩程及
其ノ名称左ノ如シ

味野町　アジノマチ　下津井起点ヨリ　四哩　八鎖　一五.一
小　田　オダ　　　　　　　　　　四哩　七八鎖　四一.六
琴　浦　コトウラ　　　　　　　　六哩　三〇鎖　一五.三
福　田　フクダ　　　　　　　　　八哩　六七鎖　七四.九
林　　　ハヤシ　　　　　　　　　一〇哩　二九鎖　〇六.四
天　城　アマギ　　　　　　　　　一一哩　七〇鎖　四〇.五
茶屋町　チャヤマチ　　　　　　　一三哩　六鎖　一五.一

通信設備及保安方式

電気通信ノ設備ハ各駅ニ電話機ヲ装置シ運轉保安ノ方式ハ
票券式ニ依ル　其ノ準備了セリ

車輛

機関車ハ独逸国クラウス會社ノ製造ニ依リ重量十三噸六輪
タンク型二輌及同十噸四輪タンク型一輌ニシテ汽缶ノ実用
最高ハ何レモ百七十一封度ナリ　客車及貨車ハ大阪市清水
鐵工場ニ於テ製造シ其ノ種類及輌数ハ左ノ如シ

ボギー式二三等車　　二等八人・三等二十二人　二輌
同　　　三等車　　　　　　　四十人　四輌
同　　　三等緩急車　　　　　三十六人　二輌
同　　　郵便小荷物緩急車　　五噸　二輌
同　　　有蓋貨車　　　　　　五噸　三輌
同　　　有蓋緩急車　　　　　五噸　二輌
四輪　　有蓋貨車　　　　　　二噸　二輌
ボギー式無蓋貨車　　　　　　五噸　六輌
同　　　無蓋貨車　　　　　　五噸　二輌

試ニ各種ノ車輌ヲ以テ二列車ニ編成シ又別ニ機関車二台連
結シテ竣功区間ヲ駆走モシメシニ橋梁溝橋ノ前後券ニ曲線
ニ於テ動揺転大ナル箇所ヲ存シタルニ目下着々整備中ニシ
テ不日之ヲ了スヘキ程度ニアリ他格別異常ノ箇所無ク制動
機の効力ヲ相當ニ之ヲ有ス

以上ノ通リ本区間線路布設工事大体竣功シ車輌モ完成ヲ
告ケタルヲ以テ運輸営業ヲ開始シ支障ナシト認ム

（2）下津井～茶屋町間全通

先行開業直後には、下津井までの延長に反対するグ
ループもあったようだが、四国側のバックアップを得
て、工事は進んだ。工事中に竣工期限を迎えたが、一
度だけの期日延長で開業を迎える。

『下電と私』に次の記述がある。

――建設工事で一番難工事の箇所はやはり下津井の鷲羽山
附近でした。その頃には爆破はありませんし、石屋が鑿で
たたいてはこぜるのですから、相当な難工事でした。――

　　　　　　　　　　　　　大正三年一月二十五日
　　　　　　　　　　　　岡山縣児島郡下津井町
　　　　　　　　　　　下津井軽便鐵道株式會社
　　　　　　　　　　　　　支配人　大石　大

内閣総理大臣　伯爵　山本権兵衛　殿
　　　　　工事竣功期日伸長申請書
明治四十五年二月九日付監第一五二号ヲ以テ御認可相受居
候當會社工事竣功期日ノ儀明治四十七年二月八日（大正三年
二月八日）迄ニ有之極力期日迄ニ竣工相勉メ居候處中途其一
部ナル味野茶屋町間ノ開業ヲ急ギタルト工事設計変更ヲ生
シタルニ依リ味野下津井間ノ工事御指定期間中竣功困難
ト相成候ニ付何卒右竣功期間ノ御認可ノ期日ヨリ向弐ケ月
間御伸長被成下度此段申請仕候也

国立公文書館ニ工事竣功監査復命書が残るが、その
日付は大正3年3月12日、味野町～茶屋町間と同じ
く、開業の3日前であった。

　　　　　　　　　　　復命書
下津井軽便鐵道株式会社線路下津井味野町間工事竣功ニ付

キ監査ノ奉シ現場ニ就キ監査相遂ケ候状況謹テ左記及復命
候也

大正三年三月十二日

技師　小池　駿一

本鐵道ハ岡山縣児島郡下津井町ヲ起点トシ同郡赤崎村、味
野町、小田村、郷内村、藤戸村、興除村ヲ経テ同縣都窪村
茶屋町ニ至ル軌間二呎六吋ノ単線蒸汽鐵道ニシテ實延長
十三哩八鎖六十八節ハアリ　其ノ中而味野町至茶屋町間ハ
区間開業シ今回工事竣功シテ運輸営業ヲ開始セントスル区
間ハ下津井、味野町ニシテ實延長四哩十鎖六十八節ハアリ
線路ノ最急勾配四十分ノ一、曲線の最小半径四鎖五十節、
両軌道ノ間隔十呎トス

土木、（略）

橋梁、第一汐入川及第二汐入川ノ二ヶ所ニシテ（略）

溝橋、総計十三ヶ所（略）

軌道、軌道ハ一碼三十封度ニシテ米国製カーネギー標準型
ヲ採用セリ　枕木ハ長五呎、幅六吋、厚四吋ノ栗又ハ山毛
欅材ヲ用ヒ軌条長三十呎毎ニ二十五挺ヲ配置セリ（略）

停車場、停車場ハ其ノ数四ヶ所ニシテ其ノ名称位置左ノ如

下津井停車場　　〇哩七鎖

下津井東停車場　一、二六、三五七

琴海停車場　　　二、一四、七九二

赤崎村停車場　　三、二三、一八八

味野町停車場　　四、一〇、六八八

下津井停車場ニハ本屋、客車庫、機関庫、便所、給水臺、
石炭臺等ヲ建造スル設計ナリ其ノ中、本屋、客車庫ハ未成
ナルモ本屋ハ仮建物以テ其ノ用ヲ充テ営業開始ニ別ニ不都
合ヲ感ゼズ尚貨物側線等モ道床ノ散布無キモ当分ノ中大貨
物ヲ取扱ハサルトセルヲ以テ是亦支障ト認メズ

下津井東、琴海、赤崎村ノ三停車場ニハ何レモ本屋及便所
ヲ設備スベキ筈ナルモ是亦未成ニシテ当分ノ中列車内ニ於
テ切符ヲ発売スル由ナリ（略）

通信、下津井、味野町間ニ電話一回線ヲ設ケ通信ノ用ニ供
ス

保安、票券式ヲ採用シ下津井、味野町間ヲ一区間トス

上述ノ如ク本線櫨ハ大体ニ於テ竣功シニ三ノ未成工事アレ
ド何レモ営業開始ニ支障ナキ軽微ノ事項トス　試ニ四輪
連結水槽式機関車ヲシテ客車五輛有蓋貨車一輛ヲ牽引セシ
メ全線数回往復運轉セシメタルニ何等線路ニ異常ヲ来スル
箇所ナク車ノ動揺モ比較的少ナリ乗心地モ亦可ナリ　而シ
テ別紙主任技術者ヨリ徴スル請書記載ノ未成工事ヲ来ル
十四日中ニハ全部竣功スベク因テ三月十五日ヨリ運輸営業
ヲ開始スルニ支障ナキモノト認ム

　こうして1914（大正3）年3月15日に下津井〜味野
町間6.5kmが開業し、下津井〜茶屋町間21.0kmが全通
した。福田の仮機関区の機能は下津井機関区に移り、
蒸気機関車牽引の混合列車が下津井〜茶屋町間を直通

開業時から使用された蒸気機関車11号。ホト8＋ホト2＋ホワ12＋ホト＋客車＋ホカフと長編成の混合列車を牽引。両端駅と味野町に転車
台が設けられたのは単端式ガソリンカーの運転開始前からで、蒸機牽引の下り列車はバック運転であった。　P：牧野俊介（所蔵：福田静二）

した。開業後の1914年7月23日認可で岡山の内田鐵工所製のホロハ3、ホハ5〜8、ホワ4〜7、ホト7・8が加わり、蒸気機関車3両、客車13両、有蓋貨車13両、無蓋貨車10両となり、しばらくはこの体制が続く。

　3月22日には下津井〜丸亀間の航路も営業を開始し、ここに味野・下津井経由の本四連絡が完成した。しかし、茶屋町で乗り換えを伴う四国連絡は宇高航路から旅客を奪回するには至らず、沿線の大部分は農漁業を中心とした寒村で鉄道利用者は少なく、約10年間は厳しい辛苦を重ねた。この当時の様子は、『下電と私』に次の記述がある。

──開業はしたのですが、一日に収入百円もあれば営業費は充分賄えるのですけれども、開業の期は、平均82円93銭が一日の営業収入で、乗降客は僅か83名、水揚げが百円までにはならなかったです。（中略）汽車が動くときはシャッキンシャッキンと言い続け、駅に停まったときにソーンと言っとるではないか。（後略）──

──余りに収入が少ないものですから、他社の視察をしたことがあります。井笠鉄道も私方よりは成績が良く、西大寺鉄道は無論よく、開通の時から一割二分の配当をずっと続けておりました。金が儲かって始末がつかぬというような鉄道は国が全部買収してしまっておりました。さて、視察の結果、私達が意を強くしたのは、丁度、下津井のような町の端れに終着駅を持つ鞆鉄道、これがやっていけるのなら、下津井鉄道もやって行けない事はない。合理化して費用をかけないようにすれば、やれると非常に意を強くしました。──

　全線開業から1年余りの1915（大正4）年6月17日届出で琴浦（後の稗田）駅に行き違い設備が新設された。

　　　　　　　大正四年六月十七日
　　　　　　　下津井軽便鐵道株式會社
　　　　　　　専務取締役　秋山　文次郎

内閣総理大臣　伯爵　大隈　重信　殿
　　　　　　停車場建物変更届
社線琴浦停車場内ニ左記ノ通リ信号機設置併ニ貨物上屋新設（略）
一、（略）信号機腕木高ハ軌条面上十呎トス
　　　　　　　理由書
宇野線列車運轉時刻改正ニ伴ヒ社線列車運行上ノ便宜併ニ経費節約ノ点ニ於テ従来行違駅弐ヶ所ナリシヲ壱ヶ所ニ改正ノ必要上今般琴浦停車場ヲ行違駅ト致度ニヨリ信号機併ニ貨物上屋ヲ設備シタルニ依ル

　これによると、経費節減のため行き違い駅を2ヶ所（味野町と福田と思われる）から琴浦の1ヶ所に変更したことがわかる。

　旅客輸送人員は、1914（大正3）年度の16.4万人が、1915（大正4）年度18.4万人、1916（大正5）年度22.0万人、1917（大正6）年度28.8万人、1918（大正7）年度35.2万人、1919（大正8）年度53.0万人、1920（大正9）年度50.2万人と順調に伸びた。1920（大正9）年度の近隣の軽便鉄道を比較すると、両備軽便鉄道（福塩線の一部）104.5万人：5.3万t、井笠鉄道32.5万人：3.0万t、鞆軽便鉄道28.5万人：0.6万人、西大寺鉄道73万人：10.1万tで、旅客はまずまずの水準であったことがうかがえる。

　1918（大正7）年11月にドイツの敗北により第一次世界大戦が終結し、大戦景気は一時沈静化。国内においては中国への輸出が好調であったことから再び景気は過熱し、沿線でも味野や小田で足袋や服地などの繊維産業が成長し、貨物輸送量は1万トンを超えた。しかし、1920年3月に起こった世界恐慌で国内においても株価が大暴落し、銀行の取り付け騒ぎが続出した。不況下で大正末期から昭和初期までは輸送量は低迷した。そんななか1922（大正11）年11月28日に社名

蒸機列車時代に使われたと思われるシングルルーフ客車の廃車体。
　　　　　　　1971.7.26　下津井　P：荻原俊夫

下津井駅構内の貨車の廃車体。　1971.7.26　下津井　P：荻原俊夫

から軽便の2文字を外して下津井鉄道に改称した。この少し前の1922年1月20日に赤字続きであった下津井～丸亀間航路を田中汽船合資会社に譲渡し海運営業を廃止した。

　1925(大正14)年度の運輸実績は、旅客37万5355人、貨物7589t、営業収入140,377円・営業支出103,958円・益金36,419円で、上期優先株8分・普通株7分、下期優先株8分・普通株5分であった。翌1926(昭和元)年度は、旅客36万466人、貨物8038t、営業収入139,327円・営業支出94,446円・益金44,881円で、上期優先株8分・普通株5分、下期優先株8分・普通株7分であった。

　大正末期から昭和初期の列車の運転状況を伝える文章が『軍機保護法下の汽車・軽便』(2009年・JTBパブリッシング)に記されている。筆者の牧野俊介氏は1915(大正4)年11月岡山市生まれで、思い出を記されている。

──私は幼い頃より小学校6年頃まで毎年、夏休みになると下津井の近くにある漁村に家族とともに避暑に行くのが常だったので、その往復には、下津井鉄道によく乗ったものでした。

いつも学校が休みになると1ヶ月分の荷物を持って岡山から8620形の牽く宇野線の列車に乗って茶屋町で下車して、駅前の茶店で一服したあと、軽便に乗るのが常でした。駅のホームは宇野線に並行してあり、列車が入ってくるのを見るのが楽しみでした。はるか向こうの田圃の稲の間から煙を撒き散らしながらトコトコ走って来る列車が見えると、兄弟達とともに目を輝かせて待ち受けたものでした。──

──特に海水浴客が殺到する夏場の日曜日なんかには、後補機付きで8両から10両ぐらいのマッチ箱を連結して出発するので、そんな時に出会うと特別に嬉しかった。──

──途中の福田駅までは平坦ですが、ここから登りになり稗田まで25パーミルの勾配が続くので列車はドラフトの音も勇ましく、黒煙をモウモウと吐いて力闘します。乗客の多い時には、この区間でしばしエンコするので私にとっては、ワクワク期待する区間であり、今日も止まるか止まらないか、いつも手に汗をにぎる思いで機関車の動きに目をこらすのでした。──

──初めは猛然とダッシュしていた機関車も段々とスピードが落ちてブラスト音に合わせて客車がギーコン、ギーコンと揺れだすと歩くぐらいになり、みんな心配そうに窓やデッキから前方を眺めています。そのうちにコトンと止まってしまいます。

機関士がピーッと汽笛を鳴らして手を振ると乗客の方も心得たもので、よっしゃ、とばかり女子供を残して一斉にバラバラと線路に飛び降り、てんでに手のかかる所ならどこ

でも手当たり次第に押すのです。人間の力も大勢集まると馬鹿にならないもので、ゆっくりと登って行くのです。もっとも乗客が降りて軽くなったせいもあり、押す乗客の方も結構楽しんでいるようにも思います。ある程度ススピードがつくと、てんでに飛び乗って走り始めるという、まことにユーモラスな鉄道でした。──

──稗田をすぎると織物で有名な味野に入り、ここからまた登りにかかり鷲羽山の麓を越える急坂にかかります。この鷲羽山の手前に琴海という駅があって、ここはスイッチバックになっていて、そこへバックで、突っ込んで乗降するようになっていました。この琴海は高い絶壁上にあって、すぐ真下に海が見え泡立つ白い波を見てはこわいなあと、いつも思っていました。このスイッチバック駅から鷲羽山にかけて、また猛然とダッシュするのですが、このあたりの眺めはこの鉄道中の圧巻で、眼下に瀬戸内海の美しい大小の島々や色とりどりの船が行き交い、遠く四国の山々がよく見えたものでした。左手に大鎚、小鎚の島を見てサミットを越えると、東下津井でした。廃止時の鷲羽山駅は戦前にはなく、戦後に鷲羽山が観光地として開発された時に出来たものです。この東下津井から、終点の下津井にかけては下りの大カーブで、その大カーブの終りの小さな陸橋が見えると降り支度をするのでした。──

──ここの鉄道で面白いと思ったのは、機関車の運転台の外に特別製の座席を取り付け、機関士は足だけ運転室に入れて横座りで全身を外に出して運転していることでした。蒸機は車両限界よりかなり小さいし見通しもいいし、涼しかったせいでもありましょうが、これがまた、なかなかカッコよくて見惚れたものでした。なかには通学生が、これをまねて客車からやったものだから、途中の電柱にぶつかって死者も出たぐらいです。──

　『自転車に抜かれたコッペルたち』では、琴海に関してもう少し突っ込んだ記述がある。

──当時の駅は今の海側と反対の山側にあって、そこへバックでつっこんで乗降するようになっていました。──

　国立公文書館に残る文章には、1933(昭和8)年9月30日変更願で、従来側線に停車して客貨の取扱をしていたものをガソリンカーのみ停車位置を起点側に移すこととした、という記録がある。開業時の琴海がスイッチバックであったかはわからないが、晩年とは違った姿であったことは間違いなさそうである。

　鷲羽山停留場はこの頃になかったのは正しいものの開設は1931(昭和6)年、下津井東が東下津井に改称されたのは1956(昭和31)年3月26日、学生が身を乗り出して死亡したというのも真偽は確かめようがないなど、突っ込みどころは多々あるものの、当時の雰囲気が十分伝わる貴重な資料と思われる。

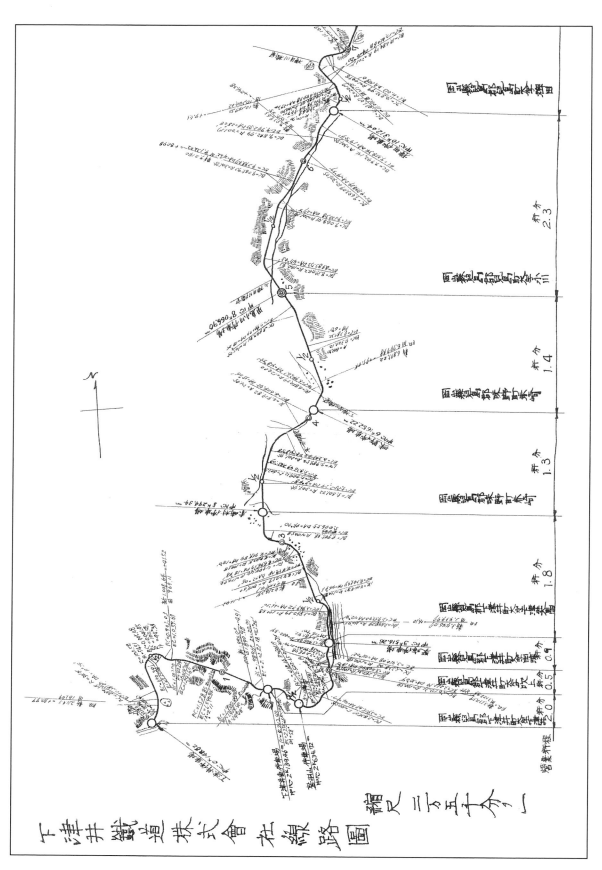

下津井鐵道株式會社線路圖

縮尺二万五千分ノ一

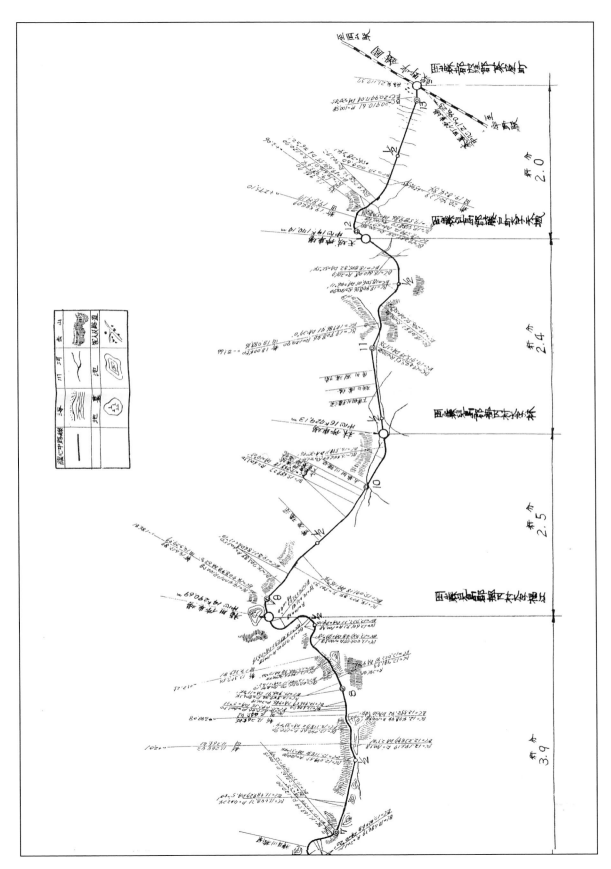

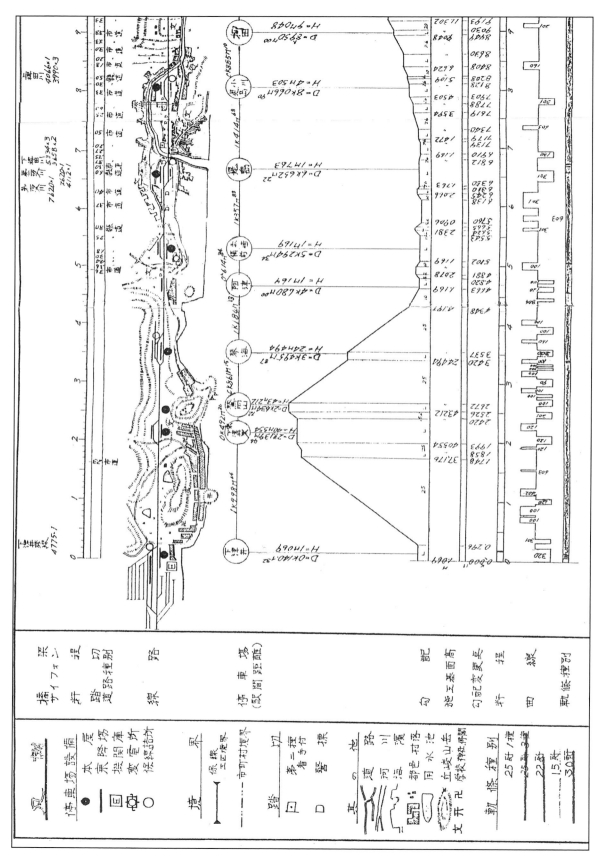

14

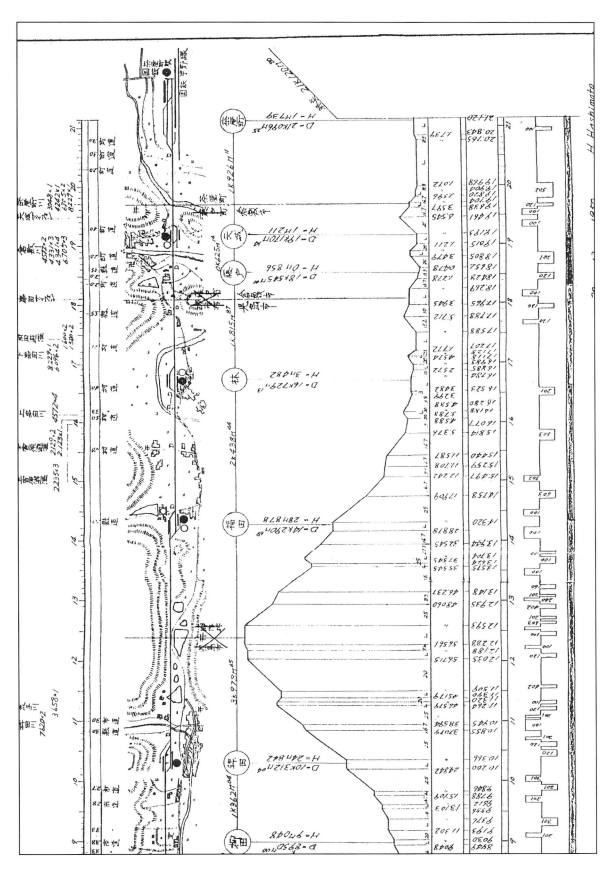

15

（3）茶屋町～倉敷間免許と失効

　味野町～茶屋町間開業の1ヶ月半前の1913（大正2）年9月23日に茶屋町から倉敷への延長の免許が申請された。

大正二年九月二十三日
岡山縣児島郡下津井町大字下津井九百弐拾八番地
下津井軽便鐵道株式會社
取締役　白川　友一

内閣総理大臣　伯爵　山本権兵衞　殿

下津井軽便鐵道延長敷設免許申請書

今般當會社鐵道ノ終点ナル岡山縣都窪郡茶屋町ヨリ延長線トシテ同郡倉敷町ニ至ル参哩七拾五鎖ノ軽便鐵道ヲ敷設シ現在建築中ノ鐵道ト連絡ヲ取リ以テ交通ノ便益ニ資シ荷物ノ運輸ヲ敏速ナラシメ併テ地方発展ヲ圖リ度候間御免許相成度別紙ノ通リ法定書類相添ヘ此段申請仕候也

起業目論見書

一、目的
軽便鐵道ヲ敷設シ旅客及貨物運輸ノ業ヲ営ムモノトス

二、鐵道ノ名称及主タル事務所所在地
下津井軽便鐵道其事務所ハ岡山縣児島郡下津井町大字下津井軽便鐵道株式會社トス

三、事業資本ノ総額及其ノ出資ノ方法
本鐵道資本ハ延長ニ對スル資本金拾四萬圓トシ増資ノ方法ニ拠ルモノトス

四、線路ノ起点終点及其経過スヘキ地名
起点ハ本出願ニ係ル延長線竣功シ現在建設中ノ鐵道ト連結ノ上ハ岡山縣児島郡下津井町大字下津井ナルモ延長線ノミニ対シテノ起点ハ岡山県都窪郡茶屋町トス　終点ハ同県同郡倉敷町山陽本線倉敷停車場附近　延長線ニ対シ経過スヘキ地名岡山縣都窪郡豊洲村、帯江村、萬寿村

五、鐵道ノ種類及軌間
種類　単線蒸汽鐵道　軌間　弐呎六吋

　下津井～茶屋町間開業後に倉敷迄延伸して下津井・味野と倉敷を直結する内容で、倉敷から宇野線への乗換客の短絡も狙っていたと思われる。この延伸線は、申請からわずか2か月余りの1913（大正2）年11月26日に免許となった（表4参照）。

表4

鐵道種別	軌間	線路両端	延長哩程	資本金
蒸気鐵道	二呎六吋	岡山縣都窪郡茶屋町 同縣　同郡　倉敷町	四哩〇鎖	十四萬円

ガソリンカー改造電車モハ50形が有蓋貨車4両を牽いて下津井へと向かう。　　　　1959.12.24　東下津井―下津井　P：髙井薫平

ガソリンカー改造電車モハ55を先頭にクハ6＋クハ22を連結した３両編成。先頭２両は水色ベースに窓回り黄色＋赤帯の塗色と思われる。

1956.7　下津井　P：吉村光夫

　工事施工認可申請の期限は10箇月後の1914年９月25日であったが、下津井～茶屋町間が全通した半年後で、最初の資本金30万円及び1914年発行の優先株による増資20万円に加えて茶屋町～倉敷間の建設費14万円の増資は困難な状況で、工事施工認可申請には至ることができず、期限の延長を繰り返した。

大正三年九月五日

　　　　　　　岡山縣児島郡下津井町大字下津井

　　　　　　　　下津井軽便鐵道株式會社

　　　　　　　　　　支配人　大石　大

内閣総理大臣　伯爵　大隈　重信　殿

　　　　工事施行認可申請期限延長申請書

大正二年十一月二十六日付監第二四三七号ヲ以テ御免許相成候岡山縣都窪郡茶屋町ヨリ倉敷町ニ至當會社延長線工事施工認可申請可仕儀ニ候昨年末以来ノ経済界ノ不振ニ當會社モ其影響ヲ蒙リ加フルニ此時局ニ際シ増資計画順境ニ進捗セス資本ノ関係上期限内ニ其運相成難ク候間特別ノ御詮議ヲ以テ該期限向一ヶ年間延長ノ儀認可被下度此段申請也

　茶屋町～倉敷間工事施工認可申請の期限は当初1914（大正3）年９月25日、一回目の延長で1915年７月25日、二回目の延長で1916年７月25日となった。

1916年５月22日に1917年５月25日までの三回目の延長申請がなされたが、認められず、６月22日に免許失効が官報に掲示された。

（4）1,067mm改軌・電化構想

　大正時代の後期になると味野や小田で足袋や服地などの繊維産業が成長し、下津井軽便鉄道改め下津井鉄道は安定的に利益が計上できる状態となった。そんななか1925（大正14）年に思い切った計画が現れた。

　当時50万円であった資本金に60万円の増資を行って、1,067mm改軌及び電化を一挙に行い、さらに興味深いのは、同時に、社所有の電車を岡山まで直通させるという、大それた構想である。

大正拾四年壱月弐拾弐日

　　　　　　　　　下津井鐵道株式會社

　　　　　　　　　　社長　白川　友一

鐵道大臣　千石　貢　殿

　起業目論見書並ニ工事設計概定書中一部変更許可申請書

明治四拾参年拾壱月九日監第一六三四号ヲ以テ御免許相受候弊社軽便鐵道ハ時勢ノ新運ニ伴ヒ實地ノ事情ニ鑑ミ輸送力ノ増強頻繁ヲ要シ候ニ付テハ鐵道軌間ノ拡幅及電化施設致

度候間起業目論見書並ニ工事設計概定書中一部変更致度別紙理由書並ニ関係書類相添ヘ此段申請候也

理由書

弊社下津井町茶屋町間鐵道ハ運輸営業開始以後拾数年ヲヘテ此ノ間鐵道ノ起終点ナル下津井港及茶屋町ハ勿論沿線ノ各町村ニ於ケル時勢ニ伴フ文化ノ発達ハ異常ニシテ加フルニ近時下津井港及對岸ナル丸亀港ニ連絡期成同盟會成立シ岡山方面ヨリ弊社線ヲ経テ丸亀方面ノ連絡運輸ニ對シ時間ノ短縮、輸送力ノ増大頻繁ヲ要スルニ至リ候ニ付テハ鐵道軌間ノ拡張及電化工事等時勢ニ順応セル施設ヲ致度別紙申請仕候也

起業目論見書中一部変更事項書

一、目的
本會社軽便鐵道ヲ敷設シ旅客貨物運輸ノ業ヲ営ムモノトストアルヲ
本會社軽便鐵道ヲ電氣鐵道ニ変更シ旅客貨物運輸ノ業ヲ営ムモノトスニ改ム

二、鐵道ノ名称及主タル事務所設置地
従前ノ通リ変更ナシ

三、事業資金ノ総額及ビ出資ノ方法
現在資本金五拾萬圓ニ尚六拾萬圓ノ増資ヲ以テ新事業ニ充當スルモノトス

四、線路ノ起終點及其ノ経過地
従前ノ通リ変更ナシ

五、鐵道ノ種類及軌間
種類　単線蒸汽鐵道トアルヲ
単線電氣鐵道ニ変更ス
軌間　弐呎六吋トアルヲ
参呎六吋ニ変更ス
営業期間
既特許ノ通リトス

大正拾四年壱月弐拾弐日
　　　　　　　　　　　下津井鐵道株式會社
　　　　　　　　　　　　社長　白川　友一
鐵道大臣　千石　貢　殿
　　　　地方鐵道車輛省線乗入運輸許可申請書
弊社下津井町茶屋町間鐵道ハ運輸営業開始後拾数年ヲ経テ沿線ノ発達ニ伴ヒ乗客漸次輻輳シ殊ニ其ノ全乗客ノ大部分ハ岡山間交通ノモノニシテ此レガ省線茶屋町駅ニ於ケル乗換ハ非常ナル困難ニシテ且ツ相当ノ時間ヲ浪費シ乗客ノ不便甚ダシキヲ以テ御省御管理ニ係ル宇野線茶屋町岡山間ニ於テ之レヲ電化施設ヲナシ弊社地方私鉄電車ヲ乗入レ運輸致度本計画ノ施設ニ関シテハ萬事御省ノ御規則並ニ御指定順守仕ル候間特別ノ御詮議ヲ以テ御許可被成下度此段御願奉候也

国立公文書館に鉄道省監督局から省内に意見を求めた書面が残る。

大正十四年二月十六日
件名　下津井鐵道工事方法変更並ニ右ニ伴フ社有車輛ヲ省線ニ乗入ノ件　本件ニ関スル左記第二項ニ付御意見承知致度
下津井鐵道會社ハ下津井、茶屋町間(十三哩)鐵道営業ヲ為シツツアリ
一、今回ハ地方ノ発展ニ伴ヒ、特ニ下津井、丸亀両港間連絡期成同盟會ノ成立ヲ鑑ミ軌間二呎六吋ヲ三呎六吋トシ且電化セント　更ニ
二、省宇野線茶屋町、岡山間ヲ社ニ於テ電化シ社有車輛ヲ乗入シ輸送ノ円滑ヲ期セントス
運輸局意見
　宇野線ハ國有鐵道ノ本州線ト四国線トノ連絡幹線ナルヲ以テ之ニ他鐵道ノ回数多キ電車ヲ乗入セシムルガ如キハ将来運輸上ノ支障ヲ及ボスコト大ナルベキヲ以テ本件ハ承認セザルコトト致度
工務局意見　運輸局ト同意見
電気局意見
省ニテ岡山宇野間ヲ電化シ茶屋町岡山間ニ會社車輛ヲ乗入シレムル方技術上便利ト認ムルモ差當リ同線ヲ電化スルノ計劃ナシ

　結局、鉄道省内では乗り入れが否定され、下津井鉄道の改軌・電化は宇野線岡山直通が前提であったことから、改軌・電化も取り下げられた。
　岡山乗り入れはバスによって実現された。1924（大正13）年11月に下津井〜岡山間、下津井〜倉敷間、稗田〜田ノ口間の3路線について認可を申請し、翌1925年2月に倉敷線を除いて認可がなされ、同年3月から営業を開始した。

（5）内燃動力併用

　『下電と私』に次の記載がある。
——ある時の重役会に私が、これはなんと、もう少し運転回数を増すわけにはいかないだろうか、回数がどうも九回ではお客さんも増えないし、収入も上がらない。もう少し回数を増すわけにはいかないか、と言ったら、支配人の三宅武衛門氏が、それは回数を増そうと思えば、ガソリンカー、俗にレールカーという車が出来ておるので、それを入れたらどうです、もう井笠や鞆には入れております。（略）それは直ぐに見に行かなければならないということで、その翌日すぐ見に行ったのです。鞆鉄道は既に六ケ月も運転しており、便利がよいので更に一台造って二台入っておりました。井笠鉄道もすでに三台購入しておりました。——

このような経緯があって、1927（昭和2）年12月21日認可でガソリン動力併用となり、翌1928年3月20日から運転本数を従来の7往復から16往復に増発した。また、この少し前の1926（大正15）年1月1日に旅客2等扱いを廃止して全て3等扱いとした。

昭和二年十二月十二日

下津井鐵道株式會社

專務取締役　秋山　文治郎

鐵道大臣　小川　平吉　殿

瓦斯倫動力ニ依ル車輌併用認可申請

左記ニ依リ弊社現在ノ蒸気カト瓦斯倫動力ヲ併用致度候間御認可被成下度此段申請仕候也

理由

弊社鐵道ノ運轉回数ハ現在九往復ニシテ約二時間ノ間隔ヲ以テ發車致居リ候　當時勢ノ進展ニ伴ヒ運轉回数ノ増発ヲ痛切ニ認メ居リ候折柄近時沿線ニ自動車運轉發達シ為メニ甚ダ其恐脅ヲ受ケ之レガ対向上絶対増発ノ已ムナキニ至リタルモ現在ノ蒸気機関車ニ撚ル増発ハ経費ノ関係上甚ダ至難ニ付キ比較的其経費ノ多額ヲ要セサル瓦斯倫動力ニ依ル車輌ヲ運轉シ強調和ヲ保チ以テ自動車ニ対向シ合セテ地方一般利便ヲ図ラントスルモノナリ

ガソリン客車の併用運転に関しては『下電と私』に次の記載がある。

――昭和三年三月二十日からガソリン客車の併用運転を始めました。それで回数を十八回か、十九回に増加しました。一台では足らないから三台入れることにしました。一台の価格は四千円位でした。その頃は会社にも一万円位定期預金が出来ておりました。汽関車は汽関車で全運転、レールカーはレールカーで全運転をやりましたから、それによって収入が稍良くなって来ました。その時分には、貨物も不景気だから動きません。当時の沿線産業の主なものは足袋製造だけで、未だ被服縫製はあまり起っておらない時代でした。――

*『下電と私』は永山久吉氏の回顧録であり、運行回数等は実際とは異なる記述も見られる。

当初導入のガソリンカーは、単端式で、終端駅での方向転換を必要としたことから、1927（昭和2）年12月13日工事方法変更認可申請で下津井、味野町、茶屋町に転車台が新設された。ガソリンカーによる運転回数増加に合わせて1928（昭和3）年2月6日届出で下津井東、赤崎村、林、天城が行き違い可能駅となった。ガソリンカー導入に合わせて、井笠鉄道で先鞭をつけていた車掌省略運転（ワンマン運転）でも追随し、1928年3月に気動車に限った車掌省略許可を得、5

瀬戸内の海をバックにガソリンカー改造電車クハ7＋モハ50形の編成が下津井へ向かう。　　　　1961.2.1　琴海―鷲羽山　P：高橋　弘

月から実施した。ガソリンカーの機関は公称出力20馬力/1500rpmの非力なフォードT型エンジンで、稗田付近と琴海付近に25‰の連続勾配区間では運行に困難があり、「非力で坂が登れず、乗客を降ろして後押しさせた」との話が伝わる。そのため機関は1931年以降に40馬力／2200rpmと遥かに強力なフォードA型に換装される。1930（昭和5）年2月11日に従来の全線票券閉塞式の一部区間がタブレット閉塞式に変更された（下津井〜下津井東〜赤崎村、稗田〜福田）。児島付近の紡績産業が盛んになると小型の単端式ガソリンカーでは輸送力が不足するようになり、1931（昭和6）年からは日本車輌製の中型両運転台式ボギー気動車の導入が始まる。

1937（昭和12）年4月22日増加届でカハ54・55が登場し、これでガソリンカーは単端式4両とボギー車10両の計14両となった。ガソリン動力を採用した時期は早い部類ではなかったが、非常に意欲的に増備を続け、蒸気機関車牽引の混合列車を削減して、蒸気機関車牽引は貨物列車となった。

1931（昭和6）年7月10日に鷲羽山停留場を新設し、観光客の誘致に力を注ぎ、1934年4月18日には下津井機関区事務所から出火し、緩急客車1両を焼失する事故もあった。

昭和16年度旅客は151.9万人、貨物は36,380tで、貨物の輸送量の多さが目を引く。

国立公文書館に残る鉄道省決裁書類に客車の扱いに関する省内のやり取りが記されている。

車輌課　混合列車ヲ全廃シ瓦斯倫客車ノミヲ増加セル結果、客車十四輌ハ多キニ過ル様認メラルルモ業務課ノ審査尚現在車輌数次ノ通

蒸気機関車	四
ボギー瓦斯倫客車	一〇（今回届出ノモノヲ含ム）
四輪瓦斯倫客車	四
客　　車	一四
貨　　車	二一

業務課　瀬戸内海国立公園中心地鷲羽山ヘノ遊覧客近年著シク増加シ殊ニ省及大阪商船主催ノ三〇〇名以上ノ団体旅客相当アリ　之ガ輸送ニハ　ガソリン車ノミニテハ到底不可能ニ付依然トシテ客車ヲ必要トスルモノナリ

開業以来行っていた郵便物輸送は1936（昭和11）年11月1日に廃止になった。

1938（昭和13）年3月31日車両記号変更届でボハ、ボハブ、ボワ、ボト、ボカブの濁音が外れてホハ、ホハフ、ホワ、ホト、ホカフとなった。この届で当時の在籍客車・貨車が次の通りであったことがわかる。

客　　車	ボハ1号より11号まで
客　　車	ボハブ1号より3号まで
有蓋貨車	ボワ1号より12号まで
無蓋貨車	ボト1号より8号まで
緩急車	ボカブ2号及び3号

1941（昭和16）年7月7日申請で片上鉄道の不要品等を購入して琴海〜備前赤崎間514mの重軌条化（25kg←15kg）を行うなど施設の整備はなされた。

ガソリンカー改造電車モハ54を先頭にサハ3＋クハ9で編成された3両編成。　　　　1962.8.3　下津井—東下津井　P：田尻弘行

ガソリンカー改造電車モハ52が貨車を牽く混合列車。背後は国鉄宇野線で国鉄貨車の姿が見える。　　　　　1961.2.1　茶屋町　P：高橋　弘

（6）バス営業を譲渡

　1936（昭和11）年5月25日に下津井鉄道と西大寺鉄道が共同出資で山陽バスを倉敷に設立した。山陽バスは、まず1937年1月1日に下津井鉄道の倉敷〜味野〜宇野間のバス路線を譲り受け、同年1月4日に両備バスに社名を変更した。両備とは西大寺鉄道の地盤である備前と、下津井鉄道の地盤である備中の両方の備を示す。1938年3月1日には下津井鉄道のバス路線すべてを両備バスに譲渡し、下津井鉄道のバス事業は、一時期、廃止となった。もっとも両備バスの本社は1937年5月に下津井、1937年7月に味野に移るなど、下津井鉄道と密接な関係にあった。

　下津井鉄道改め下津井電鉄のバス部門が復活したのは戦後の1951（昭和26）年5月15日であった。その年の4月6日に岡山〜鷲羽山間他の免許を受け、約1ヶ月後に営業を開始した。翌1952年2月には両備バスから下津井電鉄に資本分離がなされ、両備バスは西大寺鉄道の子会社になり、現在の両備ホールデイングスに発展を遂げる。

　戦時中は国策による陸上交通事業者の県単位での一元化がすすめられたが、岡山県はほとんど進まず、鉄道事業者とバス事業者の分離は他県では見られなかった。

（7）戦後に電化を敢行

　戦時中と戦後の混乱期に燃料不足から自動車交通が麻痺し、地方の鉄道路線が賑わったのは全国共通の現象で、下津井鉄道とて例外でなかった。1944（昭和19）年度213.0万人・34,673t、1945（昭和20）年度184.9万人・20,716t、1946（昭和21）年度218.4万人・10,566tであった。燃料統制に伴う石油の入手難から気動車の荷台にガス発生炉を搭載して木炭ガス燃料で走行させ、釜石製鉄所から中古のドイツ製蒸気機関車を購入してしのいだ。戦後のインフレと供給事情の極端な悪化から石油・石炭が高騰し、運行経費は著しく増加した。1947（昭和22）年1月の臨時株主総会で鉄道を廃止してバスに転換する決議がなされるなど混乱も見られたが、1948（昭和23）年6月21日の株主総会で電化を決議した。戦後混乱期の燃料高騰から電化を敢行した私鉄は全国各地で見られた。インフレのさなかとあって、1948年中に200万円2回、500万円1回、1949年に1,000万円の合計1,900万円の増資を行い、資本金

下津井へ向かうS字カーブを行くモハ50形牽引の混合列車。　　　　1959.12.24　東下津井―下津井　P：高井薫平

を2,000万円とした。電気関係者が社内にいないことから、岡山電気軌道や対岸の丸亀に発着していた琴平参宮電鉄の技術指導を仰いで1948年9月に起工した。琴平参宮電鉄から1948年に琴平線の複線区間を単線化した際に不要となった機材を譲り受けるなど、経営者の才覚をフルに発揮し、資材をうまく手当てした。こうして、物資入手困難な時期に古レールや木柱ではなく、細いながら鉄柱を建て、架線は軽便鉄道にしばし見られた路面電車並みの直接吊架ではなく吊架線で間接的に吊り下げたシンプルカテナリ構造を採用した。こうして起工から7か月後の1949（昭和24）年5月1日に電化工事は竣功した。変電所は備前赤崎と福田に設けられた。ガソリンカー10両を改造して6両を電動客車・4両を制御客車に仕立てた。電動車は偏心台車もそのまま端梁を設け、4個モーターの釣架式とした。これらにより総括制御運転が可能になり、連結運転時に複数運転士が乗務する必要がなくなった。総括制御運転の実施は、国内762mm軌間の電化路線では初であった。

　当初3ヶ月間は蒸気機関車牽引の混合列車も併用していたが、8月1日から全面的に電車運転に切り替わった。電化による時分短縮はそれほどでもなかったが、蒸機や気動車、特に代燃車にとって難関であった25‰連続勾配区間を電車は苦労なく登った。通常は

少なくともクハを1～2両、多客時はオープンデッキのままの客車も牽引し、ラッシュ時には電動客車1両が客車4両を牽引した。貨物は、電気機関車を新造する構想もあったが、電車が牽引した。電化後の昭和24年度下期（7～12月）の運転経費は電車が1.48円/km（電力費のみ）、蒸機61.79円/km（石炭費のみ）と大差があり、設備の資本費が巨額ではあったが、ガソリンの安定供給が見込めなかった当時としては、賢明な選択であったといえよう。下津井鉄道から下津井電鉄への社名変更は1949（昭和24）年8月20日であった。

　この頃に関する『下電と私』の記述は次の通り。

――鉄道施設の補修資材の欠乏に悩まされ、殊に燃料の入

下津井～茶屋町間直通列車のサボ。

　　　　　　　　1963.3.4　下津井　P：荻原二郎

手に行き詰まり、その為代用燃料木炭製造をやらねばレールカーの運行継続が困難になりました。私は不馴れながら山を買入れ炭焼きを始めましたが、始めた頃は一俵四十二、三円の値段の時でした。運転用木炭の所要量は一日五、六十俵でありました。戦後に鉄道を止めて終って、バスに切替えるという考え方の時もあり、株主総会で鉄道廃止の決議がなされた時もありました。然し、先輩と共々苦労を重ねて拵え育てた鉄道を廃止して、バスでやるということはどうしても気が進みませんでした。

それで、私も電化の決心をいたしました。そこで、まず二六の軌幅で電車に改造した鉄道が何れにありやを調べました。三重交通の北勢線、栃尾鉄道の越後長岡より栃尾に至る線がありましたので、両社の視察を行い、その可能なことを知りました。（略）電化するまでに二十六倍の増資、七十五万円から二千万円にしました。（略）——

電化実施の1949（昭和24）年度は輸送人員152.5万人、翌1950年度は223.3万人で、以降220万人台が1952年度まで続く。1953（昭和28）年度は263.2万人、1954～1960年度は250～270万人台で、黒字経営が続いた。ガソリンカー改造車が主力であった車両に変化が現れたのは1951（昭和26）であった。モハ101＋クハ21が日立製作所で新造された。この頃の日立製作

所は、国鉄からの発注が減少していたこともあって、それまで取引の無かった中小私鉄に熱心に営業活動を行っていた。次いで1954（昭和29）年にナニワ工機製モハ102＋クハ22と帝国車輌製クハ23を購入。その間、1952（昭和27）年8月27日認可で、前年12月に廃止となった赤穂鉄道からホハ50・52・54を譲り受け、ホハ30～32とした。また、1955（昭和30）年に栗原電鉄から1,067m改軌で不要になっていたモハ2401～2403を購入してサハ1～3とするなど、車両の充実に注力した。そして、1961（昭和36）年にナニワ工機製で2両固定編成のモハ103＋クハ24が登場した。

1961（昭和36）年度の輸送人員は290.9万人、1964（昭和39）年度まで290万人前後が続く。通勤客・通学客・鷲羽山観光客で大賑わいであった様が浮かび上がるが、1966（昭和41）年3月25日改正ダイヤを注視すると、朝は下津井発茶屋町行き、夕刻は茶屋町発下津井行きが多く、茶屋町での宇野線列車のほとんどに接続し、稗田～下津井間1往復、児島～下津井間3往復の区間列車があり、児島を中心とした流動が大きかったことが解る。この頃が下津井電鉄の最も華やかかりし頃で、旅客数は1964（昭和39）年度の291.9万人が最高であった。

ガソリンカー改造電車モハ55を先頭にサハ3＋クハ23で編成された3両編成。クハ23は1954年製で、この当時では最新車両であった。
1961.2.1　下津井—東下津井　P：高橋　弘

23

現在では児島のボートレース場となった海辺をクハ
23＋サハ３＋モハ55の３両編成が行く。
　　　　1961.2.1　阿津—琴海　P：高橋　弘

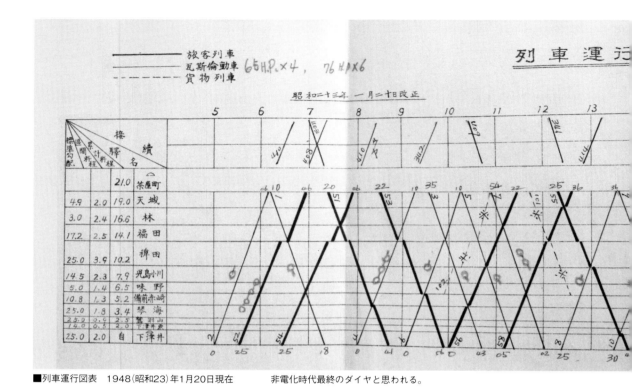

■列車運行図表　1948（昭和23）年1月20日現在　　　　　非電化時代最終のダイヤと思われる。

■列車運行図表　1963（昭和38）年4月20日現在　　　　　最盛期のダイヤで、児島～下津井間に区間列車があるのが旅客流動の大きさを示してい

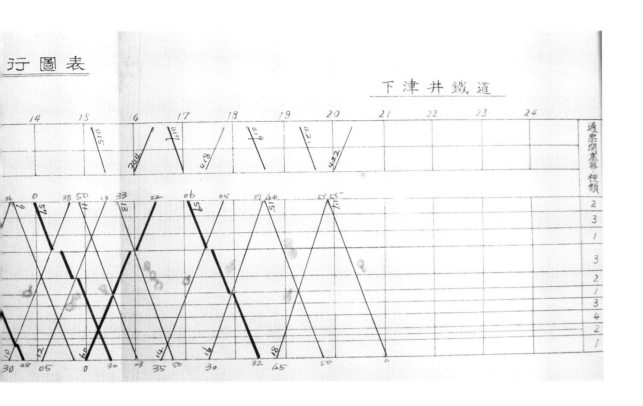

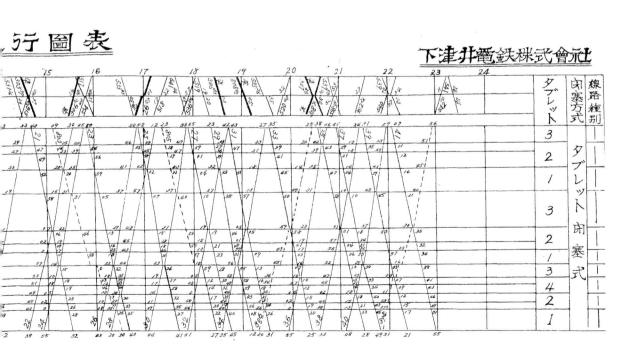

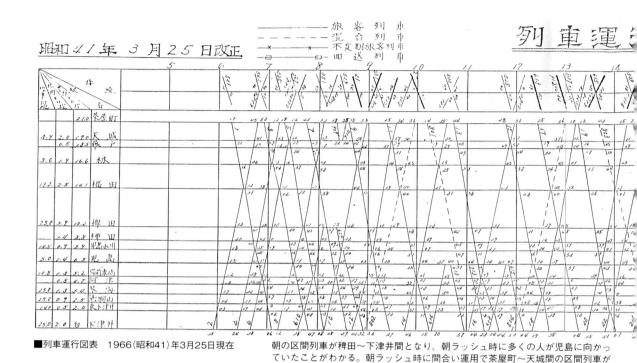

■列車運行図表　1966(昭和41)年3月25日現在

朝の区間列車が稗田〜下津井間となり、朝ラッシュ時に多くの人が児島に向かっていたことがわかる。朝ラッシュ時に間合い運用で茶屋町〜天城間の区間列車が新設されている。

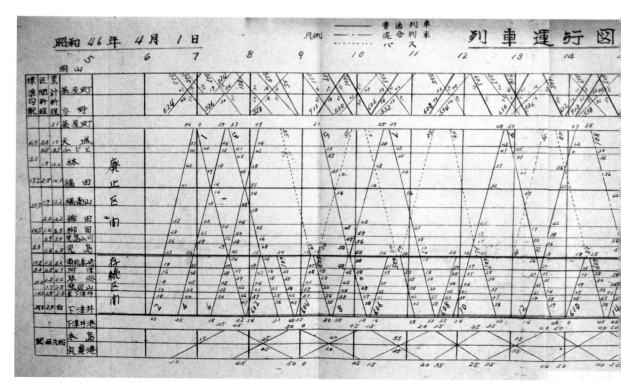

■列車運行図表　1971(昭和46)年4月1日現在

茶屋町〜児島間廃止直前のもの。茶屋町〜児島間の閉塞取扱が福田のみとなり、福南山が記されているのが興味深い。

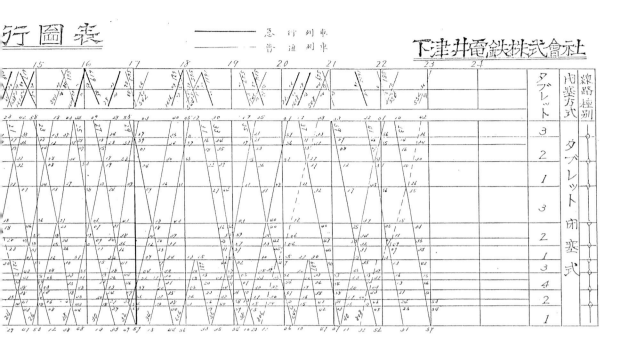

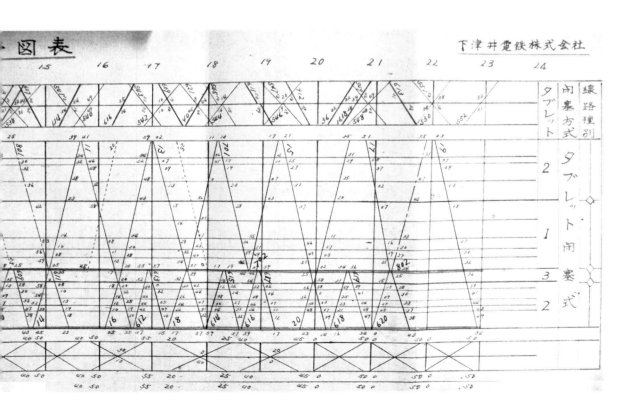

（8）部分廃止、再び黒字経営に

　昭和40年代に入ると旅客は減少に転じた。軽便鉄道であるがゆえにスピードアップがままならず、岡山・倉敷に直結しない線形から自社のバスとの競合が始まった。1965（昭和40）年度277.8万人、1966年度266.5万人、1967年度253.5万人、1968年度244.3万人。ここまでは減少のペースは緩やかであったが、1969（昭和44）年度219.5万人、1970年度は200万人を大きく割って184.8万人となった。営業収支は1967（昭和42）年度から赤字に転じ、1970（昭和45）年度は3790万円赤字に至った。1968（昭和43）年2月20日改正の列車運行図表では琴海、児島小川、天城の閉塞取扱が廃止になり、1970年11月1日改正の列車運行図表ではさらに東下津井、稗田、林の閉塞取扱が廃止になり、というか中間の閉塞取扱は備前赤崎、児島、福田のみとなり、昼間時の児島〜茶屋町間は90分以上間隔の開く時間帯が現れた。こうなると利便性の低下がさらなる旅客離れを招く悪循環となった。

　1969（昭和44）年度の第108期営業報告書の営業概況に次の記載がある。

当社の電車バスは、この期において、いずれも運賃値上げが認められ、貸切バスは29％アップを8月2日から実施、電車は31％アップを11月1日から実施、定期バスは29％アップを12月5日から実施しましたので、収入面で、電車は前年実績の横ばい、バスは12％の増収を見ました。

営業区域は過疎地帯ではありませんが、逐年、所得水準の向上が反映されて、自家用車の発達がいちじるしく、輸送需要の減少が目立つことになりました。

輸送人員は前期に比べて、電車16％バス2％の減少となって、経費の急増に反して、収入は伸び悩みの傾向にあります。

バス部門においてワンマンカーの促進につとめ、期末までに36輌を転換、その合理化をはかることができました。

電車部門において、ラッシュ時を除いては、はなはだしく輸送密度の低下をきたしておりますので、それの対策を考慮しなければならぬ段階を迎えております。

本期の概況は以上のようでありますけれども、将来のグループ企業時代に即応しての希望をつないで、多様化された関連会社は、現在28社を数えております。

　このように、1970（昭和45）年3月末に「輸送密度低下に対しそれの対策を考慮しなければならない段階を迎えております」と記されていて、部分廃止の議論が沸き起こっていることが見て取れる。

天城近くの丘陵地帯を新造電車クハ21＋モハ101の2両編成が行く。　　　　　　　　　　1965.2.25　茶屋町—天城　P：今井啓輔

終着駅の茶屋町に差し掛かるモハ101＋クハ21の2両編成　　　　　　　　1965.2.25　P：今井啓輔

　1971（昭和46）年度はさらに減って151.2万人で、1971年7月10日に茶屋町長、7月13日に倉敷市長に廃止の申し出を行い、同意を得たのは倉敷市が1971年9月23日、茶屋町が1972年2月24日であった。茶屋町の同意の目途が経った頃、1971年12月18日に茶屋町～児島間の廃止申請が運輸大臣宛てになされた。

下電発第5359号

昭和46年12月18日

運輸大臣　丹羽　喬四郎　殿

岡山県岡山市平和町8番15号

下津井電鉄株式会社

取締役社長　吉福　寿

地方鉄道運輸営業一部廃止申請書

弊社は明治43年11月9日、監第1634号を以って地方鉄道の運輸営業の免許を受け、岡山県倉敷市下津井2036番地の2、下津井駅より、岡山県都窪郡茶屋町帯江新田478番地、茶屋町駅に至る営業粁21粁の区間の運輸営業を行っておりますが、別紙理由書の通り、岡山県倉敷市児島味野1丁目5番30号、児島駅より終点茶屋町駅に至る、営業粁14.5粁の運輸営業を廃止したいので、御認可下さるよう、関係書類を添えて申請いたします。

理由書

弊社鉄道は、明治43年11月9日、軽便鉄道法によって運輸営業の免許を受け、大正2年11月9日、児島駅（味野町駅）から終点の国鉄宇野線、茶屋町駅口に至る、14.5粁の営業をはじめ、ついで起点下津井駅より、児島駅間6.5粁を竣功して、大正3年3月15日、全線21粁の運輸営業を開始しております。

　創業当時の沿線の大部分は、農漁業を主とした寒村でありましたため鉄道の利用者も少く、約10年間は辛苦を重ねておりますが、鉄道開通の果した役割は徐々に芽生えて、昭和のはじめから沿線の開通も進み、児島を中心とした繊維産業の発達をみることとなって、輸送量も向上して参りました。

　昭和3年から蒸気車に加えて、内燃車導入し、運行回数も従前の1日7往復より16往復に、さらに28往復と増回して地域の利便を図ってまいりました。

　併せて兼業としての、バス部門は、大正14年3月に発足して鉄道輸送を補って、路線を順次拡充し成果を上げてまいりましたが、昭和12年1月、姉妹会社両備バス(株)が創立されて、営業は之に移管し、バス、鉄道、相互に連繋して円滑なる輸送を図り、岡山県南の主要交通機関としてその役割を果たしてまいりました。

　然しバス部門は、昭和26年5月に、両備バス(株)より分かれてバス事業を直営に復活させ、時流に乗って、次々に鉄道周辺の路線網を充実して今日に至っております。

モハ103の車内に貼られた、児島〜茶
屋町間廃止を知らせる告知。
1972.3.15　P：荻原二郎

　それと共に瀬戸内海国立公園、鷲羽山を中心とした、旅客誘致の観光事業など、関連事業にも積極的に取り組んでまいりました。

　戦中、戦後に亘る約10年間は、施設車輛などの荒廃を余儀なくされて、輸送力は極度に減退せざるを得ず、更に加えて戦後のインフレに遭遇して、鉄道営業の廃止を決意したほどでありましたが、昭和24年5月、悪条件を克服して、鉄道の電化を完成させ、列車の円滑な運行ができることになり、輸送力が大きく増強されましたので日本経済の

復興に合せて、経営も次第に好転してまいりました。

　その後は保安設備の改善に意を注ぎ、全線の重軌条更換、車輛の新造、駅舎、橋梁の改築整備を実行して、地方交通機関としての使命達成に努めました。

　然しながら、昭和30年台になって、道路網の整備に伴い、バス事業を主とした、自動車事業は急速に伸びて、輸送の主体は、バス及びトラックに移行する傾向を示し、鉄道の影は年とともにうすれてまいりました。

　さらに昭和40年代に入りますと、バス、トラックの利便

稗田駅での上下列車の交換シーン。この時代になると女性車掌が重用された。　　　　　　　　　　　　　　　1970.1010　稗田　P：髙井薫平

さに加えて自家用車の普及が著しく、鉄道の営業を一層圧迫してまいりました。

　短距離区間の交通の現象が、自家用車氾濫時代となりましたため全線100余の踏切道を有する、鉄道そのものの安全運行も脅かされるに至りました。

　こうしたなかで、斜陽の鉄道は、収支の均衡を保持できませんため省力化など、あらゆる工夫をこらして、経営の改善を図ってきましたけれども、昭和42年度よりその悪化を防ぐことができず約870万円の赤字を出し、年を追う毎にこの数字は増し昭和45年度は3800万円の赤字決算となり、その累積は、6,220万円余を計上するに至りました。

　経緯は悪化の一途を辿り、今後の輸送の安全保持も至難な実情であります。

　今日の自家用車時代を迎えた中で、鉄道はすでにその使命を終わったものと考えられます。

　又、陳腐化された鉄道は逆に道路交通の支障要因ともなって一部では、その発展を阻害する存在ともなっております。

　本申請にかかる、児島駅～茶屋町駅間14.5粁の区間は、主要幹線道路と大部分が併行状態にあって、朝夕の、通勤、通学の1～2列車を除けば乗客は極めて少なく、無駄な列車の運行を続けていることになっております。
因に、本区間の旅客乗車密度（延人キロ/延日キロ）の推移は

昭和36年度	2,872	100%
昭和41年度	1,787	62%
昭和45年度	1,026	36%

であり、鉄道の需要度実に低いものと言わざるを得ません。

　すなわち、道路と併行している児島駅～茶屋町駅間の鉄道営業を廃止して、バス代行の増強による、輸送体系の一元化こそ時代の要請であると判断されます。

　なお、本申請からはずしました、下津井駅～児島駅間6.5粁の区間は、丘陵地帯が多く、道路と併行する部分が少なく特に起点附近の下津井地域では、旧藩時代そのままのせまい道路でありますため、バスの運行は不可能であります。

　此の区間に限って、鉄道の利用度は残されており、今だ不可欠の交通機関としての価値をもっております。

　因に、本区間の旅客乗車密度（延人キロ/延日キロ）の推移は

昭和36年度	2,686	100%
昭和41年度	3,190	119%
昭和45年度	2,514	94%

以上の通り、営業を存続すべきものと判断されますので本申請より除外してあります。

　申請書類にはいくつかの書類が添付されていて、最近における経営合理化実績表は表5の通り。

　また、全廃ではなく部分廃止であることへの理由書

下津井駅に停車中のモハ101と車庫に休むガソリンカー改造電車などの車両群。　　　　　　　　　　　　　　1967.5.5　下津井　P：今井啓輔

表5

年度	項目	具体的内容	合理化投資額 （千円）	経済的効果 初年度 （千円）
41	変電所業務を駅業務と統合	福田変電所及び赤崎変電所を福田駅、備前赤崎駅と統合し、職員4名を自動車部へ配置替え	700	3,005
	本社職員減員	本社業務を簡素化し要員2名を減員		1,848
	計		700	4,853
42	女子車掌の採用	女子車掌6名を採用し男子車掌6名を自動車部へ配置替え		2,992
	計			2,992
43	茶屋町駅（接続駅）における請負業務開始	国鉄茶屋町駅における荷物積卸、中継作業の請負い、これに要する人員4名を児島・下津井駅各2を減員しこれに充当		4,309
	駅業務の委託	鷲羽山・琴海・天城3駅の業務を委託し、7名を減員し自動車部に配置換え、人件費の削減を図った。	（委託料） 648	6,703
	駅行違い廃止	児島小川駅の行違いを廃止し、1名を減員。		957
	保線作業の合理化	タイタンパー1台を購入し、保線作業の合理化を図り、係員2名を削減。	525	1,410
	計		1,173	13,379
44	駅業務の委託	林駅における駅業務を委託し職員2名を他部門へ配置換え	216	2,335
	列車ダイヤの合理化	乗降客の極度に閑散な6往復の運転を取りやめ (1)減員5名 (2)電力料　走行210千km (3)走行粁減少により車輌修繕費節減		5,837 1,072 983
	駅行違い廃止	東下津井駅の行違いを廃止し、1名を減員。		1,167
	駅業務の委託	児島小川駅における駅業務を委託	216	1,162
	計		432	12,556
45	列車ダイヤの合理化	乗降客の極度に閑散な5往復の運転を取りやめ (1)減員4名 (2)電力料　走行175千km (3)走行粁減少により車輌修繕費節減		5,281 910 768
	業務閑散駅無人化	駅業務の極度に閑散な稗田駅を無人化		2,540
	計			9,499

も添付されている。

下津井～児島間の鉄道営業を存続する理由

1）下津井～児島間6.5キロメートルは、別紙地図の通りバス運行道路と併行している部分は、琴海～児島間の約3kmであり、下津井～琴海間3.5kmは丘陵地帯を走り、バス路線と隔絶された区間であります。

旧下津井街を東西に縦走する道路は巾2.5～3mの旧幕時代のままであり、両側は民家が櫛比して大型自動車の運行は不可能な、狭隘な県道であります。

従ってバスの運行は不可能であり、下津井地区住民1万余人の足は、タクシーなどを除く外、鉄道に頼らざるを得ません。

当区間の鉄道は、政治、経済、教育、文化の中心である児島地区と下津井地区を結ぶ唯一の交通機関であり、通勤、通学は勿論、日常生活に不可欠なものであります。

将来、道路が整備され、鉄道に代わってバスが運行し、下津井地区住民の交通が確保される時点までは、鉄道の営業を存続すべきものと判断されます。

2）瀬戸内海国立公園の中心に位する鷲羽山は、岡山、倉敷方面よりは、道路も整備されてバス運行による円滑な旅客の輸送が行われていますが、四国との連絡は関西汽船による、下津井～丸亀ルートと、宇野～高松を迂回するルートより外にありません。

鷲羽山と、琴平～高松、高知松山などを結ぶ観光ルートは（又はこの逆ルート）鷲羽山～下津井の陸上は当鉄道を利用し、海上は下津井～丸亀航路に依るのが最短、唯一の交通機関であります。又児島地域と四国との連絡も本ルートを利用する外適当な交通機関はありません。往昔より児島地

冬の短い陽射しを浴びて下津井行き電車が走る。
1959.12.24_東下津井—下津井　P：髙井薫平

夕暮れ迫る児島駅にクハ23を先頭にした下津井方面下り列車が入線する。 1966.3.18 児島 P：藤本哲男

域と丸亀を中心とした四国との交流は盛んで現在に至るまで、政治、経済、文化の交流は益々頻繁になっております。以上の通り当鉄道は、鷲羽山〜児島地域と四国との連絡交通機関として、未だ、その利用度が失われていないものと判断されます。

3) 当区間の乗車密度、乗車効率なども上記の理由により、廃止申請区間に比して、好成績であり、未だ輸送の必要性が残されているものと考えられます。

4) 存続区間の営業は、下津井〜児島間を単線1線のみとし側線やポイントは全て撤去して1ケ列車が折り返し運転を行い且つワンマンカーを主とした運行により、従業員の削減を計り、省力化して収支の均衡を失わぬよう努力すると共に将来の鉄道運賃改訂と併せて、合理的に運営を行えば当区間の鉄道営業は大きな失費を見ることなく営業を続けられるものと考えられます。

1971(昭和46)年度限りで茶屋町〜児島間が廃止になった。営業最終日の1972年3月31日は全区間を乗車無料として、モハ65＋クハ6＋クハ5の3両編成も運行に加わった。翌1972年4月1日はモハ104＋サハ2＋クハ25＋モハ105＋クハ26の5両編成が、運賃無料で児島〜茶屋町間を2往復して沿線に別れを告げ

児島〜茶屋町間の営業最終日、混雑する茶屋町駅ホームに入線するモハ50形。1972.3.31 茶屋町 P：塩田霞次(所蔵：坂本裕人)

営業最終日の翌日、4月1日に5両編成のお別れ列車が運転された。 1972.4.1 林 P：塩田霞次(所蔵：坂本裕人)

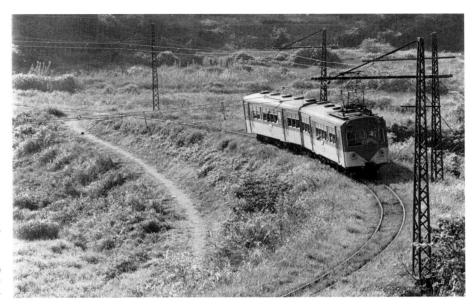

下津井から東下津井にかけてのオメガカーブをモハ103＋クハ24の2両編成が行く。部分廃止後のワンマン化改造後の姿。
1980.10.10
下津井—東下津井
P：寺田裕一

た。この本当の意味での最終列車が茶屋町を離れると、茶屋町での線路の撤去作業が始まったという。

部分廃止により、車両は、モハ102＋サハ2＋クハ22、モハ103＋クハ24、クハ23（後にモハ1001）、モハ110、ワフ2、ホト1・8、ホトフ5を除いてすべてが廃車となった。

全長21.0kmのうち残る児島〜下津井間は6.5kmとなり、この区間が存続となったのは、並行するバス路線が無かったことなどに因った。路線の2/3以上が廃止となったものの、1972（昭和47）年度の旅客は100.8万人、輸送密度は部分廃止前の1971（昭和46）年度1221人／km日が1972（昭和47）年度1785人／km日と増加

し、これは、児島〜茶屋町間と児島〜下津井間では輸送量にかなりの差があったことを示す。いずれにしても、部分廃止路線が長く存続できた例は無く、児島〜下津井間の余命もそう長くは無いと思われた。

部分廃止によって、備前赤崎の行き違い設備は撤去して全線を1閉塞かつスタフ閉塞式に。これにより駅員配置駅は下津井のみとなった。保有車両も3両編成・2両編成各1本、両運転台車2両と貨車4両に削減。1972（昭和47）年9月20日からはモハ1001による閑散時単行運転を開始した。この結果、昭和46年度41人であった鉄道部従業員は48年度末11人となり、昭和49年度に営業黒字を達成した。

1961（昭和36）年新造のモハ103はその風貌から「コオロギ電車」と呼ばれて親しまれた。
1976.5.3　下津井—東下津井
P：今井啓輔

沿線随一の風光明媚な区間を行くクハ24＋モハ103。後にこの場所の背景に瀬戸大橋が建設され、大きく景観が変化した。
　　　　　　　　　　　　　　　　　　　1976.5.3　鷲羽山—東下津井　P：今井啓輔

交換設備や側線が撤去され、棒駅化された琴海駅に到着したモハ103＋クハ24。
　　　　　　　　　　　　　　　　　　　1974.9.22　琴海　P：髙井薫平

東下津井駅を発車する児島行き電車。

1980.10.11　東下津井　P：寺田裕一

琴海駅に到着したワンマン電車モハ1001。落書き電車「赤いクレパス号」になるのは1984（昭和59）年からであった。

1980.10.10　琴海　P：寺田裕一

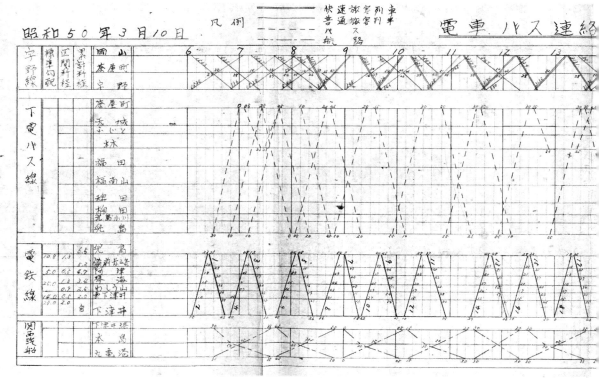

■電車・バス連絡運行図表　1975（昭和50）年3月10日現在

茶屋町～児島間バス転換後のダイヤ。宇野線接続を考慮したダイヤ設定で、電車時代の運転本数を確保している。朝夕の茶屋町～林間に続行運転があったことが注目される。

列車運行

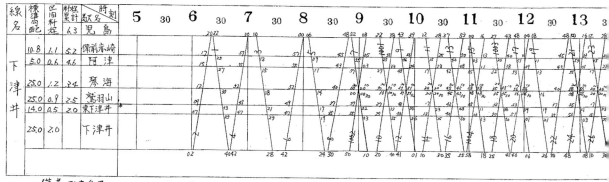

備考　列車番号1001～1010臨時運行

■列車運行図表　1988（昭和63）年3月20日現在

廃止2年前のダイヤ。琴海の交換設備が復活したが、交換を行う列車は臨時扱いであった。

運行図表

行 図 表

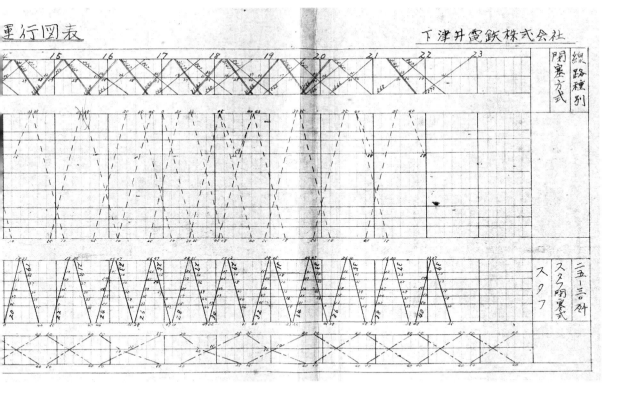

下津井電鉄株式会社

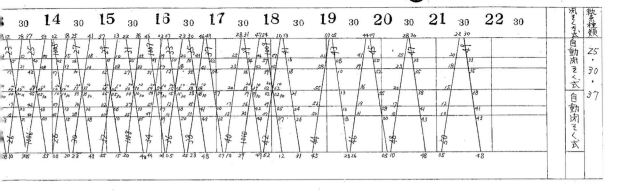

下津井電鉄株式会社

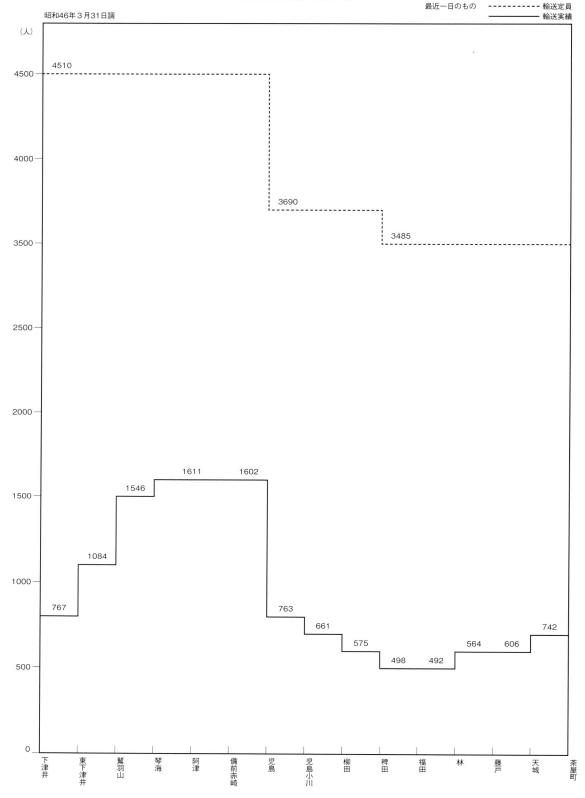

輸送定員と輸送量（下り）

最近一日のもの ‑‑‑‑‑‑‑‑‑ 輸送定員
────── 輸送実績

昭和46年3月31日調

（人）

4510
3690
3485
1611
1602
1546
1084
767
763
661
575
564
606
742
498
492

下津井　東下津井　鷲羽山　琴海　阿津　備前赤崎　児島　児島小川　柳田　稗田　福田　林　藤戸　天城　茶屋町

1971（昭和46）年の任意の１日の輸送定員／輸送実績調査結果。最も乗客が多かったのは琴海～備前赤崎間で、児島で半減し、稗田～福田～林間が最も少なかった。

資料所蔵：国立公文書館

乗降人員調査表

第4列車　6:56〜7:35ラッシュ

駅名	乗車数	降車数	通過人員
下津井	20		20
東下津井	23		43
鷲羽山	24		67
琴海	8		75
阿津	9	4	80
備前赤崎	8	3	85
児島	13	48	50
児島小川	9		59
柳田	4		63
稗田	4	1	66
福南山			66
福田	2	2	66
林	20		86
藤戸	13		99
天城	23	1	121
茶屋町		121	

第6列車　7:35〜8:09ラッシュ

駅名	乗車数	降車数	通過人員
下津井	69		69
東下津井	76	3	142
鷲羽山	75		217
琴海	12	1	228
阿津	27	13	242
備前赤崎	15	48	209
児島	12	151	70
児島小川	2	10	62
柳田	4	5	61
稗田	6	20	47
福南山			47
福田	6	6	47
林	7	1	53
藤戸	5		58
天城	19	4	73
茶屋町		73	

第602列車

駅名	乗車数	降車数	通過人員
下津井	140		140
東下津井	80	44	176
鷲羽山	93	7	262
琴海	23	22	263
阿津	18	13	268
備前赤崎	11	16	265
児島		265	
児島小川			
柳田			
稗田			
福南山			
福田			
林			
藤戸			
天城			
茶屋町			

第604列車

駅名	乗車数	降車数	通過人員
下津井	26		26
東下津井	19	2	43
鷲羽山	30	1	72
琴海	1		73
阿津	5	3	75
備前赤崎	4	2	77
児島		77	
児島小川			
柳田			
稗田			
福南山			
福田			
林			
藤戸			
天城			
茶屋町			

児島〜茶屋町間廃止直前期に調査したものと思われる。特に第602列車の阿津〜備前赤崎間268人という数字に驚かされる。3両編成であったとしても定員（260人）を超えた乗客数で、狭い車内は相当な混雑であったことがわかる。

所蔵：国立公文書館

略歴

明治43.9.28	下津井軽便鉄道期成同盟会が発起人166人で発足
43.11.9	鉄道院より下津井〜茶屋町間の旅客、貨物の運輸免許を取得(監第1634号)
44.8.2	資本金30万円、株主351人で「下津井軽便鉄道株式会社」の設立総会が開かれ、同月15日会社設立登記
大正 2.11.11	茶屋町〜味野町間の鉄道14.5kmが開通、蒸気動力により営業を開始。列車保安方式は、票券閉塞式で、通票は1〜4を使用した。
2.11.26	茶屋町〜倉敷間4マイルの軽便鉄道の免許を取得したが、14万円の増資の調達ができず「工事施工認可申請期限」の延期を繰り返した末、大正5年6月免許は失効した
3.2.10	20万円の増資を行い資本金50万円となる
3.3.15	味野町〜下津井間の6.5kmが開通し、全線21kmの営業を開始
3.3.24	鉄道院と連帯輸送契約を締結(国鉄との連絡輸送)
3.—.—	「小田駅」を「小田村駅」と駅名改称(昭和6年に児島小川駅となる)
9.—.—	「琴浦駅」を「稗田駅」と駅名改称
11.11.28	社名を「下津井鉄道株式会社」と商号変更
14.2.26	鉄道大臣より自動車運輸営業兼業の認可を取得
14.—.—	60万円の増資を行い、1,067mm軌間に改軌して茶屋町〜岡山間に延長し、下津井〜岡山間を電化して直通電車を走らせる案が出たが、監督局で省内の関係部局の意見により拒否されたため、改軌の計画を中止した。
15.1.1	旅客2等扱いを廃止し、全部3等扱いとした
昭和 2.12.21	鉄道大臣よりガソリン動力による車両併用の認可を取得
3.3.20	内燃軌道車(ガソリンカー)3台を購入し、蒸気列車との併用運転を開始。運行回数1日9往復を16往復運転に増便実施した
5.2.11	列車保安方式を一部タブレット閉塞方式に変更実施(下津井、東下津井、赤崎村、稗田、福田駅)
6.7.10	鷲羽山駅を増設、営業を開始
9.4.18	下津井駅構内、機関庫事務所から出火、同建物及び客車庫、木工作業場1棟、貨物緩急車1両を焼失
10.1.10	「赤崎村駅」を「備前赤崎駅」と駅名改称
12.6.14	50万円の増資を行い資本金100万円となる
13.3.1	自動車路線全部を両備バス株式会社へ譲渡しバス営業を廃止
13.12.17	(鷲羽山が瀬戸内海国立公園特別地域に指定される)
15.4.1	下津井駅構内へ本社事務所1棟を新築
16.8.1	「味野町駅」を「味野駅」と駅名改称
16.12.8	(太平洋戦争始まる)
17.10.10	汽車、汽船時刻に24時間制を採用
20.8.15	(終戦)
21.2.25	(新円が発行され旧円を封鎖)
21.4.23	組合員125人で「下津井鉄道労働組合」が結成される
23.6.21	鉄道電化の件を株主総会で決議、技術的業務を琴平参宮電鉄に依頼し、下旬から測量に入る
23.9.-	岡山電気鉄道や琴平参宮電鉄の技術指導により電化工事を起工
23.8.28	200万円の増資を行い資本金300万円となる
23.9.22	200万円の増資を行い資本金500万円となる
23.11.15	500万円の増資を行い資本金1,000万円となる
24.3.12	1,000万円の増資を行い資本金2,000万円となる
24.5.1	全線電化工事が竣工し、電気、蒸気列車の併用運転を開始(ガソリンカー10両のうち6両を電動客車に、4両を制御客車に改造して使用した)
24.8.1	全面的に電車による運行に切り替え、蒸気機関車の使用を休止
24.8.20	社名を「下津井電鉄株式会社」と商号変更
25.1.7	(1,000円札が発行される)
25.2.10	「藤戸駅」を増設、営業を開始(届出は24.6.20)
26.5.15	岡山〜鷲羽山、岡山〜琴浦間のバス事業を復活し営業を開始
26.7.28	蒸気機関車5両を廃止
27.1.7	再評価積立金の一部を資本金に組み入れ資本金4,500万円となる
27.4.19	「柳田駅」を増設、営業を開始

27.11.22	(児島ボートレース場が完成、初レースを行う)
29.4.1	「阿津駅」を増設、営業を開始(届出は24.6.20)
29.7.1	有償1,000万円、再評価積立金資本組み入れ1,000万円の増資を行い、資本金6,000万円となる
29.11.21	味野駅新社屋が落成し、本社を下津井より味野に移す(総務課のみ)
30.1.6	再評価積立金資本組み入れ、3,000万円の増資を行い資本金9,000万円となる
31.3.26	「味野駅」を「児島駅」に、「下津井東駅」を「東下津井駅」と駅名改称
32.10.1	(5,000円札が発行される)
33.12.1	(一万円札が発行される)
36.4.1	3,000万円の増資を行い資本金1億2,000万円となる
37.7.2	3,000万円の増資を行い資本金1億5,000万円となる
38.7.17	5,000万円の増資を行い資本金2億円となる
38.11.1	(新1,000円札が発行される)
40.6.1	本社を児島味野3,965番地の3から、岡山市平和町8-15に移転
42.2.1	(倉敷、玉島、児島の3市合併、新倉敷市が発足)
45.10.—	4,000万円の増資を行い資本金2億4,000万円となる
45.10.9	下電建設株式会社を設立、翌年3月、鉄道部工務課全員を移籍
46.5.28	4,000万円の増資を行い資本金2億8,000万円となる
46.12.18	児島～茶屋町間における、地方鉄道運輸業の廃止を申請した(S47.3.9日付認可)
47.3.15	(新幹線岡山～新大阪間が開業)
47.3.31	鉄道線、茶屋町～児島間の14.5kmの営業を廃止
	営業路線は児島～下津井間の6.5kmとなり、保安方式をスタフ閉塞方式に変更
	翌4月1日よりマイクロバスで代行輸送を始める
	合理化により、下津井駅以外が無人駅となる
47.9.20	ワンマン電車運転の認可を取得
47.10.1	「備前赤崎」「東下津井」駅の交換施設を撤去
50.3.10	(山陽新幹線、岡山～博多間393kmが開通)
50.10.16	(中国縦貫道、落合～吹田間181.6kmが開通)
52.10.1	岡山市大元駅前3番53へ本社を移転
54.7.—	客車クハ5号と貨車ホワ6号を永久保存する
54.11.9	(瀬戸大橋架橋の岡山県側工事が倉敷市下津井田之浦で始まる)
55.2.1	「電化30周年記念乗車券」発売
55.9.30	小荷物の国鉄との連絡運輸業務を廃止
55.10.1	小荷物取り扱い廃止に伴い児島通運株式会社を解散
56.5.11	創立70周年記念事業
?	国道2号線沿いドライブイン「長船」にクハ6、ホハフ2、ホワ10が保存される
58.9.—	「あじわいの岡山路観光キャンペーン」が始まり、らくがき電車の運行を始める
59.10.—	瀬戸大橋架橋に伴う鷲羽山「カルバート・ボックストンネル」の工事に着工する
61.5.15	鷲羽山駅の駅舎を撤去、下津井大橋の展望を良くするためホームを約40m起点側に延長
61.11.15	「児島地区カルチャー計画」により児島駅を300m起点側に移転、営業キロ6.26kmとなる
62.3.—	鷲羽山「カルバート・ボックストンネル」竣工
63.3.2	保安方式を児島～下津井間単線自動閉塞方式に変更
63.3.12	児島駅の駅舎新築オープン。メリーベル号新車披露運行を開始。職員の制服を新調し児島駅を職員配置駅に変更
63.4.10	(瀬戸大橋開通・総事業費1兆1,300億円)
平成 2.7.16	ダイヤ改正により、運行回数を25往復から16往復に減便
2.10.24	「鉄道事業廃止認可申請」を運輸大臣に提出
	下津井湾岸線(下津井～児島間)バス路線新設の「経営免許申請」を中国運輸局に提出
3.1.1	下津井～児島間廃止

■輸送量および収入の推移

年度	定期客(千人) 通勤	通学	定期外旅客(千人)	旅客計(千人)	荷物(千個)*1	貨物(t) 小口扱	車扱	計	輸送密度(人/km日)*2	営業収入(千円) 旅客	荷物	郵便物	貨物	運輸雑収	計	営業費(千円)	営業損益(千円)	年度末車両数(輛)*3 蒸機	電動客車	気動車	客車	有蓋貨車	無蓋貨車	手小荷物郵便緩急車	計	鉄道従業員(人) 本社	駅	運輸*4 運転士	土木	電気	車輌	計	列車走行距離(千キロ)*5 旅客	貨物	混合	計
大正3			164		9			7,130	259	28	0.1	0.3	3	1	32	37	▲5	5	—	—	13	13	10	—	39	8		41	29	—	16	94	—	—	63	63
4			184		34			9,906	257	28	0.3	0.5	4	0.7	34	33	1	3	—	—	13	13	10	—	39	4		38	25	—	18	85	—	—	77	77
5			220		65			13,028	280	31	0.4	0.5	6	1	38	35	3	3	—	—	13	13	10	—	39	5		34	24	—	18	81	—	—	80	80
6			288		128			14,022	360	40	0.8	0.5	6	3	50	43	7	3	—	—	13	13	10	—	39	5		38	22	—	15	80	—	—	80	80
7			352		306			11,051	447	50	1.6	0.4	6	1	60	61	▲1	3	—	—	13	13	10	—	39	6		42	24	—	16	88	—	—	80	80
8			430		342	8,248	1,977	10,225	527	68	1	0.4	11	9	89	83	6	3	—	—	11	13	10	2	39	6		69	21	—		96	—	—	73	73
9			502		452	7,822	1,240	9,062	610	107	5	1	14	1	130	101	29	3	—	—	11	13	8	2	37	6		76	20	—		102	—	—	70	70
10			452		641	8,702	747	9,449	546	117	10	1	24	2	155	110	45	3	—	—	11	13	8	2	37	6			20	—		115	—	—	69	69
11			453		779	9,369	546	9,915	563	123	14	1	28	3	169	116	53	3	—	—	11	11	8	2	37	6		81	19	—		104	—	—	69	69
12			441		765	9,225	683	9,908	550	121	14	1	26	3	167	113	54	3	—	—	12	12	8	2	39	6		81	19	—		106	—	—	69	69
13			431		861	8,095	761	8,856	537	121	16	1	22	3	164	115	49	4	—	—	12	12	8	2	40	6		79	17	—		102	—	—	71	71
14			375		704	6,602	987	7,589	464	104	13	1	18	2	140	104	36	4	—	—	16	12	8	—	40	6		75	18	—		99	—	—	76	76
15			360		840	7,165	873	8,038	443	100	16	1	19	2	139	94	45	4	—	—	14	12	8	2	40	6		54	16	—		76	—	—	79	79
昭和2			382		930	8,038	2,145	10,183	453	100	18	1	22	2	144	88	56	4	—	—	14	14	8	2	40	6		61	16	—		83	—	—	137	137
3			462		881	8,388	2,186	10,574	526	115	17	1	29	3	164	99	65	4	—	3	14	14	8	2	43	5		68	16	14		89	14	—	108	122
4			480		887	9,580	1,620	11,200	525	113	17	1	39	3	172	119	53	4	—	4	14	14	8	2	44	6		73	16	118		94	118	—	130	248
5			458		767	7,739	609	8,348	507	107	14	1	34	2	158	113	45	4	—	4	14	14	8	2	44	6		73	15			94	132	—	123	255
6			531		714	8,106	1,056	9,162	581	103	12	1	26	2	144	94	50	4	—	5	14	14	8	2	45	4		67	15			86	165	—	110	275
7			498		626	8,013	1,099	9,112	543	95	10	1	25	2	132	80	52	4	—	7	14	14	8	2	47	4		53	15			72	230	—	73	303
8			587		623	8,326	637	8,963	661	111	10	1	27	2	150	82	68	4	—	8	14	14	8	2	48	4		68	16			88	250	—	61	311
9			656		692	9,608	499	10,107	740	125	11	1	31	2	171	101	70	4	—	10	14	14	8	2	49	4		69	14			89	255	—	48	303
10			706		904	10,781	886	11,667	794	136	14	1	34	2	186	102	84	4	—	10	14	14	9	2	51	4		74	15			92	267	—	46	313
11			769		906	12,318	970	13,288	868	150	15	0.2	37	2	204	120	84	4	—	12	14	14	10	—	54	3		74	15			92	307	—	48	355
12			970		1,017	14,923	3,393	18,316	1,042	179	17	—	44	14	255	158	97	4	—	14	14	14	10	2	56	4		82	15			101	368	—	56	424
13			993		768	12,676	12,555	25,231	1,062	182	12	—	44	24	263	134	129	4	—	14	14	16	10	2	58	3		78	15			96	276	—	47	323
14			1,245		837	16,561	14,283	30,844	1,356	233	14	—	56	34	337	175	162	4	—	13	14	16	10	2	57	4		85	18			107	280	—	49	329
15			1,410		896	14,265	18,794	33,059	1,530	282	16	—	59	41	398	220	178	4	—	13	14	18	10	2	59	4		88	20			112	253	—	66	319
16			1,519		921	13,494	22,886	36,380	1,654	296	20	—	66	41	424	260	164	4	—	13	14	18	10	2	59	4		92	17			113	203	—	117	320
17			1,684		761	11,479	32,573	44,944	1,918	337	22	—	126	38	524	374	150	4	—	13	14	18	10	2	59	5		97	18			120	212	—	136	348
18			1,868		1,003	8,685	32,456	41,141	2,171	378	22	—	113		623	465	158	4	—	13	14	18	10		59								138	—	119	257
19			2,130		879	5,365	29,308	34,673	2,480	447	28	—	85	33	623	465	158	4																—	103	103
20			1,849		506	2,687	18,029	20,716	2,520	447	28	—	46	126	647	655	▲8	4															25	15	28	68
21			2,184		766	2,519	8,047	10,566	3,033	2,384	57	—	73	29	1,246	1,155	91	5								9		99	23	—		131		15		
22			2,197		478	2,702	6,423	9,125	3,004	7,604	225	—	399	8	特別経理会社			5	—	13	14	18	10	—	60										15	
23			1,737		664	4,307	7,959	12,266	2,243	18,543	1,041	—	1,886	1,949	33,473	33,079	394	5	6	13	14	18	10	—	60	8		103	21	—		132	46	16	33	96
24	425	1,100	1,525		800	5,245	7,004	12,249	1,642	26,754	267	—	3,202	809	33,508	29,975	3,533	5	6	—	14	18	10	—	53	8		66	19	29		122	56	0.8	30	87
25	714	1,519	2,233		2,095	5,479	5,188	10,667	1,775	34,515	6,699	—	5,161	2,414	47,500	38,345	9,155	5	6	—	20	18	10	—	59	8		65	16	27		116	19	5	10	34

26	856	1,376	2,232	2,618	4,983	3,526	8,509	1,832	34,425	9,396	4,752	126	48,712	43,438	5,274	–	7	–	26	18	10	61	9	65	18	27	119	324	29	353
27	944	1,289	2,233	3,020	4,176	2,019	6,195	2,111	40,986	11,628	4,825	147	57,586	52,134	5,452	–	7	15	25	15	10	59	6	60	25	25	116	297	38	335
28	1,029	1,603	2,632	4,018	4,417	2,428	6,845	2,579	52,004	15,542	5,817	221	73,580	71,559	2,021	–	7	18	21	18	10	56	6	60	16	25	116	322	37	359
29	956	1,576	2,532	4,093	4,993	2,518	7,511	2,485	53,401	15,210	6,216	179	75,007	60,438	14,569	–	8	16	20	16	9	53	6	58	15	24	113	315	42	357
30	964	1,563	2,527	4,554	5,561	2,180	7,741	2,432	52,312	17,875	6,756	146	77,089	70,632	6,457	–	8	16	12	16	9	45	7	106	–	–	–	310	55	365
31	1,024	1,646	2,670	4,846	5,537	2,958	8,495	2,539	53,403	19,912	7,292	108	80,715	70,966	9,749	–	8	16	15	16	9	48	9	115	–	–	124	311	55	366
32	1,088	1,618	2,706	264	4,674	1,705	6,379	2,506	55,218	21,528	6,836	256	83,838	72,585	11,253	–	8	17	15	17	7	47	7	73	12	11	114	317	60	377
33	1,079	1,478	2,557	246	2,858	882	3,740	2,391	56,631	19,790	4,290	333	81,044	76,719	4,325	–	8	17	13	17	7	45	7	74	13	11	117	311	68	379
34	1,139	1,486	2,625	262	2,865	1,505	4,370	2,482	58,359	22,587	4,232	5,641	90,819	76,328	14,491	–	8	17	13	17	7	45	10	76	12	13	122	309	73	382
35	1,232	1,510	2,742	280	2,850	943	3,793	2,574	60,342	25,009	4,017	10,299	94,120	99,667	5,545	–	8	17	13	17	7	45	12	79	12	14	128	317	84	401
36	1,262	1,647	2,909	317	2,754	2,341	5,191	2,814	66,638	27,767	5,588	1,997	102,190	95,982	6,208	–	9	17	12	16	7	45	14	78	15	12	130	391	68	459
37	1,274	1,641	2,915	326	2,783	1,783	4,537	2,649	75,191	28,282	5,171	1,916	110,560	106,752	3,808	–	9	16	12	16	7	44	29	81	14	9	147	411	39	450
38	1,368	1,531	2,899	370	2,180	2,371	4,551	2,545	72,043	30,559	4,653	1,001	108,256	106,913	1,344	–	9	16	12	16	7	44	30	83	13	9	148	356	32	388
39	1,434	1,485	2,919	379	1,760	2,471	4,231	2,551	71,428	31,232	3,715	956	107,421	106,457	964	–	9	16	12	16	7	44	40	84	16	11	168	353	29	382
40	1,435	1,343	2,778	352	818	2,398	3,216	2,302	80,507	29,158	2,211	2,337	114,213	106,537	7,676	–	9	15	12	15	7	44	34	73	10	10	136	355	24	379
41	1,394	1,271	2,665	265	62	3,079	3,141	2,221	85,780	26,144	1,692	10,874	124,490	121,772	2,718	–	9	15	12	15	7	44	29	59	10	6	114	369	22	391
42	1,336	1,199	2,535	275	65	2,847	2,912	2,040	82,971	26,762	1,561	3,258	114,552	123,244	▲8,693	–	9	16	12	16	7	44	28	68	9	5	119	365	23	388
43	1,276	1,167	2,443	254	62	3,143	3,205	1,972	79,648	24,358	1,692	4,776	110,474	116,734	▲6,261	–	9	16	12	16	7	44	36	67	6	5	121	355	20	375
44	691 / 429	1,075	2,195	216	57	565	622	1,773	80,387	21,910	396	8,070	110,763	120,103	▲9,341	–	9	16	12	16	7	44	20	56	5	4	92	294	21	315
45	554 / 436	858	1,848	177	5	24	29	1,487	81,290	18,356	26	7,171	106,843	144,751	▲37,907	–	7	13	1	12	7	41	2	39	5	4	55	251	10	261
46	452 / 352	708	1,512	164	–	–	–	1,221	67,126	17,535	–	4,841	89,502	122,760	▲33,258	–	4	1	5	5	3	13	–	38	–	–	38	216	4	220
47	287 / 179	542	1,008	137	–	–	–	1,785	42,164	12,455	–	7,373	61,992	106,011	▲44,020	–	4	1	3	3	3	11	–	14	–	–	14	94	–	94
48	263 / 131	437	831	116	–	–	–	1,479	43,253	13,626	–	7,578	64,457	69,502	▲5,045	–	4	1	3	3	3	11	1	13	–	–	13	53	–	53
49	208 / 175	418	801	77	–	–	–	1,461	48,423	11,176	–	8,441	68,040	66,741	1,299	–	4	1	3	3	3	11	–	13	–	–	13	64	–	64
50	203 / 111	343	657	90	–	–	–	1,213	53,139	10,253	–	13,848	77,240	75,724	1,514	–	4	1	3	3	3	11	–	13	–	–	13	60	–	60
51	129 / 68	274	471	71	–	–	–	844	56,679	13,579	–	14,697	84,955	82,034	2,922	–	3	1	3	3	3	12	–	12	–	–	13	66	–	66
52	137 / 85	309	532	56	–	–	–	1,004	56,219	13,203	–	14,870	84,293	82,779	1,514	5	3	1	3	3	3	10	1	4	–	–	11	54	–	54
53	108 / 74	271	454	42	–	–	–	819	60,506	7,868	–	18,939	87,313	84,520	2,793	5	3	1	3	3	3	10	2	4	–	–	11	90	–	90
54	94 / 69	294	458	36	–	–	–	817	59,582	7,047	–	20,867	87,497	85,356	2,141	4	3	1	3	3	3	10	–	4	–	–	10	90	–	90
55	79 / 70	279	429	14	–	–	–	754	55,737	3,240	–	12,012	70,990	78,841	▲7,850	4	3	1	3	3	3	10	–	4	–	–	9	90	–	90
56	65 / 58	244	369	–	–	–	–	655	56,638	–	–	14,631	71,270	76,916	▲5,646	3	3	1	3	3	3	10	2	4	1	–	10	90	–	90
57	53 / 54	230	337	–	–	–	–	592	51,962	–	–	13,075	65,237	78,336	▲13,299	3	3	1	3	3	3	10	2	3	1	–	9	90	–	90
58	46 / 35	229	310	–	–	–	–	544	50,189	–	–	31,838	82,027	92,202	▲10,175	4	3	1	3	3	3	10	4	3	1	–	9	89	–	89
59	37 / 23	249	309	–	–	–	–	541	51,651	–	–	48,468	100,119	117,025	▲16,907	6	3	1	3	3	3	10	6	3	1	–	11	89	–	89
60	30 / 14	238	282	–	–	–	–	494	48,051	–	–	43,067	91,118	113,611	▲22,493	6	3	1	3	2	3	10	6	3	1	–	11	89	–	89
61	31 / 11	239	281	–	–	–	–	506	48,187	–	–	44,177	92,364	119,761	▲27,397	6	3	1	3	2	3	10	6	4	1	–	12	88	–	88
62	30 / 10	233	273	–	–	–	–	474	47,840	–	–	92,220	140,060	203,250	▲63,190	7	4	–	5	2	3	13	6	4	1	–	13	89	–	89
63	33 / 3	262	298	–	–	–	–	545	51,326	–	–	57,956	109,282	217,314	▲108,032	7	4	–	5	2	3	13	6	5	1	–	13	115	–	115
平成元	30	186	219	–	–	–	–	487	41,467	–	–	23,181	64,648	76,086	▲76,086	5	3	–	5	2	3	10	5	5	1	–	13	114	–	114

＊1：〜昭和31年度は　　＊2：〜大正15年度は人口扱と　　埋日　　＊3：客車には制御客車と付随客車を含む　　＊4：大正7〜昭和26年度の運輸は車輌を含む　　＊5：〜大正15年度の単位は千理

・昭和17年度の貨物計は人口扱と車扱の合計（合計と車扱の合計とは異なるが、原書のまま　　・昭和21〜26年度の営業収入は収入計とは異なるが、原書のまま（ハイパーインフレが影響している可能性有）

・昭和22年度の営業収入のうち運輸雑収は通行税

上巻のおわりに

　下津井軽便鉄道→下津井鉄道→下津井電鉄として茶屋町～下津井間の営業を行っていたのは1913（大正2）年11月11日から1972（昭和47）年3月31日までの58年間（最初の約4ヶ月は茶屋町～味野町（のちの児島）間の営業）であった。私が下電を初めて訪れたのは1973（昭和48）年7月28日、中学1年生の夏休みで、茶屋町～児島間廃止から1年4か月後であった。

　その時、下津井の構内で写真を撮った後に鉄道部事務所で鉄道の生い立ちをお聞きすると、これに大体のことが書いてあると手渡されたのが『下電と私』であった。本書で何度も引用している二代目社長永山久吉氏の回顧録で、中学生にとっては、文章ばかりで写真が少なく、通読できなかった。それから47年が経過して、本書をまとめるにあたっては、たいへん重宝し

た。国立公文書館に残る許認可関係の書類は、文字通り公式の資料であり、この自叙伝はその裏側というかいきさつや時代背景をよく示している。その意味では、この自叙伝が、本書の原点といっても過言ではない。

　さて、上巻ではまさに「私が出会う前の下電」に終始する構成となった。蒸気動力→内燃動力→電気動力と変化を遂げ、茶屋町～児島間廃止前と後では、車両に大きな変更が見られるが、車両と駅の変遷については、一括して下巻に掲載することとした。しばし、お待ちいただきたい

　お世話になった方々への謝辞と参考文献は下巻にまとめて掲載させていただく。

寺田　裕一

本書でたびたび引用してきた『下電と私』（非売品）。二代目社長永山久吉氏の回顧録で、1958（昭和33）年4月1日に刊行されている。

茶屋町を出て倉敷川の支流六間川を渡り、児島方面へ向かうクハ21＋モハ101の2両編成。
1965.2.25　茶屋町―天城　P：今井啓輔